教科書に
書かれなかった戦争
PART57

Somewhere, over the rainbow, way up high,
There's a land I heard of once in a lullaby
Somewhere, over the rainbow, skies are blue,
And the dreams that you dare to dream really do come true.

The Rainbow Over The River Kwai

クワイ河に虹をかけた男

元陸軍通訳 永瀬隆の戦後

満田康弘［著］
Mitsuda Yasuhiro

梨の木舎

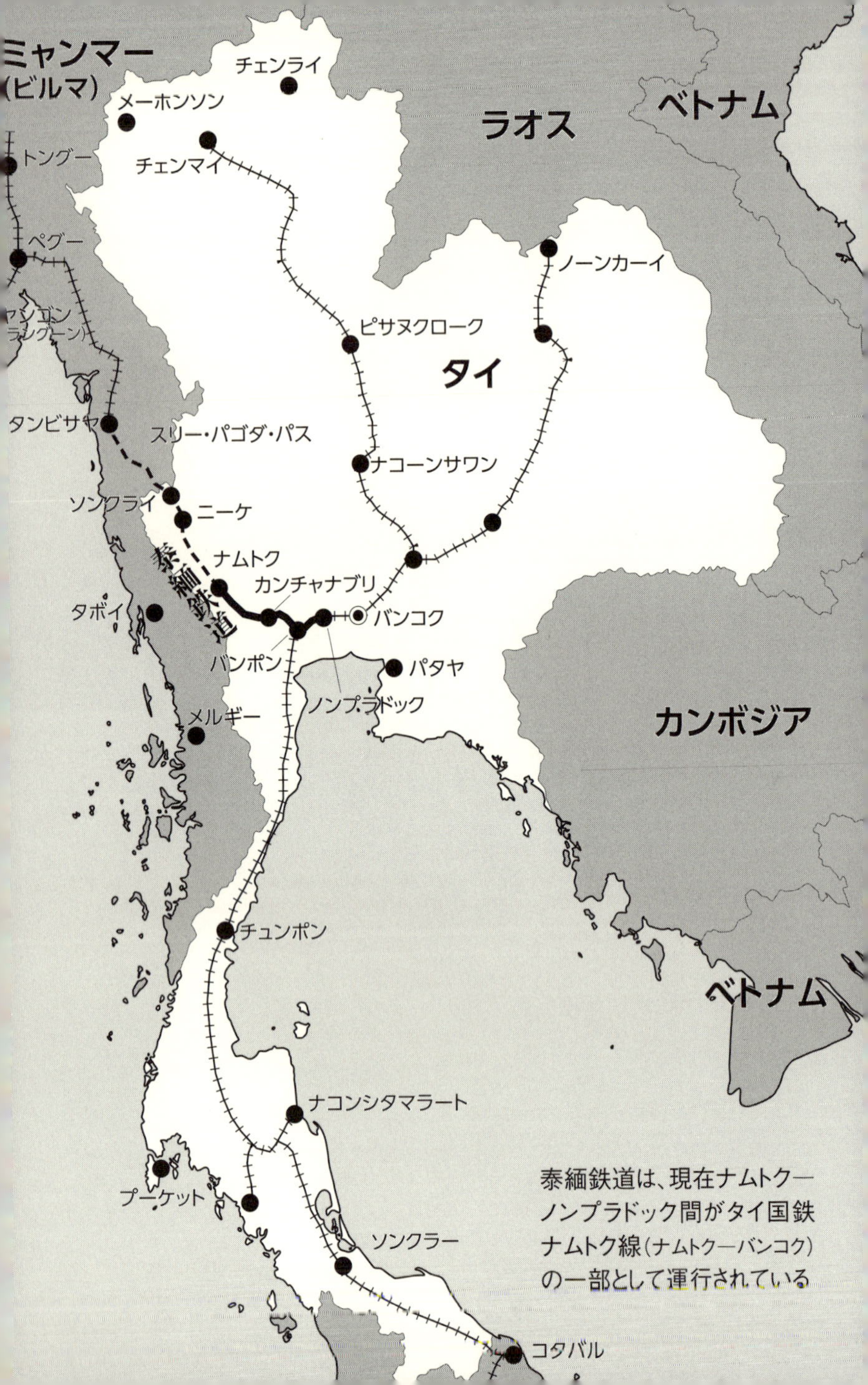

泰緬鉄道は、現在ナムトク―ノンプラドック間がタイ国鉄ナムトク線（ナムトク―バンコク）の一部として運行されている

プロローグ

虹。それは洋の東西を問わず、希望への架け橋なのだろうか。

Somewhere, over the rainbow, way up high,　虹の向こうのどこか遠い空の上に
There's a land that I heard of once in a lullaby　いつか子守歌で聞いた国がある
Somewhere, over the rainbow, skies are blue,　虹の向こう側の空は真っ青で
And the dreams that you dare to dream really do come true.　そこではどんな夢もかなえられる

有名な「虹の彼方に」の一節である。1939年のミュージカル映画「オズの魔法使い」でジュディー・ガーランドが歌った劇中歌がオリジナルだ。虹の向こうには、きっと素晴らしい夢のような世界が広がっている。人は誰でも、虹を見る時、そこに明るい未来への希望

を託す。
1918年に生まれた永瀬隆さんが、この曲を知っていたかどうかはわからない。青山学院で英語を学んだ永瀬さん。当時の地方出身者としては随分「ハイカラな」経歴だ。演劇青年でもあった。それでも、当時の情勢だ。この曲の存在を知ったとしても、それはおそらく戦後のことに違いない。

きっと、永瀬さんもこの虹を渡って天国に行くのだ。クワイ河鉄橋の上にかかる虹を見上げながら、そんなことを考えていた私の頭の中には、この曲が繰り返し流れていた。そして、自然に涙が出てきた。

2008年6月21日の夕刻。タイ西部の町・カンチャナブリ。クワイ河鉄橋はおそらく世界でもっとも有名な鉄橋のひとつだろう。1957年のアカデミー賞映画「戦場にかける橋」がこの橋の名を世界にとどろかせた。旧日本軍の悪名というありがたくない付録を伴ってではあるが。そして、その汚名をそそぐべく人生の大半を送ってきた男の頭上に、今、虹が輝く。

鉄橋の上でしげしげと虹を見上げている永瀬さんに私はマイクを向ける。振り返った永瀬さんの表情はまるで子どものようだった。

「本当にねえ、これまで何べんもタイに来たけど、こんな虹が出たのは初めて。最後の旅と

虹を見上げる
永瀬さん

して本当によかった…」

なんという巡り合わせであろうか。虹。それははかないものだ。しかし、虹を一度も見たことがないという人もまた、珍しいであろう。まして、激しい雨のあとに強い日差しが照りつけることなど日常茶飯事のタイにおいては。

タイの6月は雨季だ。通常、雨季は5月ごろ始まり、11月まで続く。雨季が終わると乾季が始まり、4月の旧正月の水かけ祭り（ソンクラーン）の頃には暑季と呼ばれるもっとも暑い季節を迎える。

雨季といっても日本の梅雨のように1日中雨が降り続くわけではない。基本的にはどんよりとした曇天が続き、スコールが1日に数度やってくる。その合間に時折熱帯の強い日差しが注ぐ。

戦後、タイを訪問することこれで134回。1回の訪問が平均7日間だとすると、延べ日数は900日を超える。つまり約2年半の日々を、この小柄な元陸軍憲兵隊通訳はタイで過ごしてきたことになる。戦中、タイに赴任していた期間を加えれば、5年を超えるであろう。それだけの経歴を持つ永瀬さんにして、タイで初めての虹。しかも「これが最後」と決めた旅のそのまた最後に現れるとは…。

私は決して運命論者ではないつもりだ。しかし、この時ばかりはこの

クワイ河鉄橋と虹

虹の出現は決して偶然ではないと思わざるを得なかった。カンチャナブリの神様、いや仏様がきっと永瀬さんに下さったプレゼントなのだ、と。そして、永瀬さんが60年以上にわたって背負ってきた重い十字架に思いを馳せた。

目次

2章　アジア人労務者　77

3章　ナガセからの伝言　111

4章　遠かったイギリス　163

1章　たったひとりの戦後処理

初めてのタイ同行取材

1994年2月18日の午後。大阪国際空港の国際線出発ロビーに、十数人の一団が集まった。人生の仕上げの時期に差しかかった年齢の男女で主に構成されたその一団は、普通の海外旅行とはどこか異なった雰囲気をもっていた。一団の中心には、小柄な老人がいた。彫刻のような風貌にどこか悲しみが漂う。永瀬隆さんである。

永瀬さんは76歳の誕生日を目前に控えていた。永瀬さんの傍らでパスポートに搭乗券をはさんで参加者に配り、かいがいしく動き回る女性は、妻の佳子さん。永瀬より12歳年下の佳子さんと永瀬さんは、それまでに実に81回ものタイ訪問を重ねていた。そしてこの日、82回目のタイ訪問に向かおうとしていた。

夫妻以外の参加者は、ある人は自分自身の戦争体験に区切りをつけるために、また亡くした肉親の面影を追うためにこのツアーに参加していた。またある人は、自分自身の興味と永瀬さんの活動への共感からツアーへの参加を表明して全国各地から集まっていた。

私もある意味では永瀬さんの活動に共鳴した一人だったのかもしれない。ただ、勤める会社から旅行費用を支払い、カメラマンと音声を担当するスタッフを伴っていることが他の参加者とは異なっていた。

私と同行してくれるスタッフはカメラマンの永澤英人さん（当時四国東通所属）と助手の

勝見浩幸さん。永澤さんは奈良県出身で私と同い年。現在は大阪で自ら制作会社を率いている。中学時代、平泳ぎで全国4位だったという彼は浅黒い顔にがっちりした体躯、口ひげをたくわえ、いかにもカメラマンという風貌の持ち主である。むろん、カメラの腕はピカイチだ。勝見さんは当時永澤さんの下でいわば修業の身。細身だが、筋肉質なこちらも屈強な体の持ち主だ。音声を担当する。

テレメンタリー

私は当時入社10年目。私が勤務する瀬戸内海放送は、岡山・香川両県を放送エリアとする民間放送局である。海をはさんだ2県をエリアとするのは、全国でもこの「岡高地区」だけである。この2年あまり前に高松本社報道部から岡山本社制作部に異動し、ワイド番組の担当のかたわらドキュメンタリー番組の制作にも関わろうとし始めていた。

テレビ朝日系列で毎週全国放送している「テレメンタリー」という30分のドキュメンタリー番組がある。もともとは大阪の朝日放送が単独で制作し、関西地区を中心に放送していたが、1992年から全国の放送局が参加して系列を挙げて持ち回りで制作するようになった。今回、永瀬さんのタイ巡礼を中心とした企画が採用され、同行取材が実現した。私にとっては2作目のテレメンタリーとなる。

カンチャナブリ

大阪国際空港を夕刻出発したタイ航空の旅客機は、約6時間のフライトでバンコク・ドンムアン国際空港に到着した。

ムッとした熱い空気が真冬の日本から来た一行を包む。薄暗い空港で機材の通関手続きを済ませ、外に出る。永瀬さんの手配でカンチャナブリから迎えの車がすでに空港に待機していた。案内役は「クワイ河平和基金」の事務局長を務めるスワンナ・スパチャイソーンさんだ。亡くなった夫の跡を継いでパタヤでホテルを経営する彼女は、「ビッグファットママ」と形容するのがぴったりの堂々たる体格である。彼女に永瀬夫妻は絶大な信頼を寄せている。敬虔な仏教徒の国・タイでは日本以上にお世話になった人に恩返しする思想が生きている。永瀬夫妻を「おとうさん、おかあさん」と呼ぶスワンナさんには、私はこの時以来何度もタイと日本で顔を合わせ、世話になることになる。

私たちを乗せたワゴン車は混雑するバンコク市内を抜けて（現在ではバイパスが開通している）西へ進路をとる。やがて建物がまばらになり始める。オレンジ色の暗い街灯に浮かぶのは、街道沿いでヤシの実やドリアンなどの果物や竹製品などを売る露店だ。

カンチャナブリ。タイ語で発声されるとどこか甘美な、どこか物悲しい響きを持つこの小都市の名前を、私は生涯忘れることはないであろう。ちなみに「カンチャナ」はタイ語で「黄金」の「美しい」、「ブリ」は町。つまり「美しい町」という意味である。

カンチャナブリは、たとえば広島の平和公園とは異なる空気を持つ。その熱帯の気候や植生のためか、西洋人観光客の多さのためか、タイ人ののんびりとした気質のためであろうか。それでも、底抜けの明るさとは異なる「死の鉄道」の歴史を背負った重みがじっとりとまとわりつく。

カンチャナブリは首都バンコクから西北西に約130km。タイ西部・ミャンマーとの国境に接するカンチャナブリ県の県庁所在地だ。もっとも、これより奥地にはめぼしい町はない。人口は当時約12万人。県全体では約70万人で、面積は約1万9484平方kmで四国と同じぐらいの大きさだ。年平均気温は28・1℃で、年間降水量は2000mmと意外に少ないが、資料によっては国境地帯では5000mmに達するという。雨季は概ね5月中旬から11月中旬。乾季は11月中旬から5月中旬で、乾季の中でも3月、4月は暑季と言われ、とりわけ暑さが厳しい。気温が40度近くに達する日も珍しくない。

私たちが到着した2月中旬は乾季で比較的過ごしやすいが、暑さが徐々に厳しくなる頃である。元捕虜たちも寒さの厳しい本国イギリス、

クワイ河平和基金事務局長スワンナ・スパチャイソーンさん

オランダ等から避寒を兼ねて巡礼に訪れる人が多いという。

永瀬さんとの出会い

初めて永瀬さんの家を訪ねた日のことはよく覚えている。1991年のことだった。当時担当していた朝のワイド番組で永瀬さんをゲストに招くことになり、私が出演依頼と打ち合わせに赴くことになった。

地元岡山県ではすでによく知られた永瀬さんだったが、私が初めてその名を目にしたのは、地元紙に載った小さな記事だった。

「元陸軍通訳の男性がタイの子どもたちにプレゼントするため、家庭等で不用になったぬいぐるみを募っている…」

そんな内容だった。2段ほどの短い記事には、現地でぬいぐるみを配る永瀬夫妻の写真も添えられていた。

永瀬さんの生い立ち

永瀬さんは1918年2月20日、岡山県都窪郡福田村（現在の岡山市南区福田）に永瀬家の長男として生まれた。永瀬家はこの地区に代々続く地主だった。父・寛一さんは医院を営んでいたが、国民健康保険など整備されていなかった当時、開業医などは素封家が損得抜きでやる慈善事業に近いもので、寛一さんも貧しい人からは治療費を受け取らなかったという。タイでの福祉活動にこだわり続けている永瀬さんに相通じる、興味深いエピソードだ。父親譲り、と言っていいのだろうか。

旧制岡山二中（現在の県立岡山操山高校）を経て、教員をめざして青山学院英文科に入学。当時は大学ではなく、専門学校だった。青山学院を選んだのは、「試験に数学がなかったから」

当時の岡山二中は軍事教練が厳しいことで有名だったという。同窓生には『眠狂四郎』などの時代小説で知られる柴田錬三郎がいた。余談だが、柴田が乗った輸送船は南方に出征する途中、台湾とフィリピンの間にあるバシー海峡で米潜水艦の攻撃を受けて沈没、九死に一生を得たという。2001年、私は永瀬さん夫妻とともに台湾を訪ね、バシー海峡に花束を捧げてきた。制海権を奪われたのちも、旧式の輸送船でここを通過しようとして、多くの日本軍将兵が戦場に赴く前にあたら命を落とした。その総数は一説には30万人とも言われる。日本軍の非計画性や非人間性、現実を見ようとしない態度を象徴している。

青山学院近くの
写真館で（1941年）

永瀬さんの親族には軍人が多く、教育勅語を信じて育った「軍国少年」だった。日本が太平洋戦争に突入した1941年、真珠湾攻撃を3日後に控えた12月5日、渋谷区役所で臨時徴兵検査を受ける。しかし、体重不足で第三乙種合格。永瀬さんは身長158センチ、体重45キロほどの小柄な体で、これは当時も現在もほとんど変わらない。つまり、軍人としてはいささか体格に不足があった。そこで「自分は特殊技能でお国の役に立ちたい」と志願したのが、陸軍通訳であった。陸軍省補任課で任命されたのち、南方に向かう輸送船上の人となったのは、真珠湾攻撃の16日後、12月24日のことだった。下関を出港した輸送船が台北を経由してサイゴンに到着したのは翌1942年1月中旬。南方軍総司令部参謀部二課文書諜報班に配属された。

今でこそ、泰緬鉄道の語り部として知られる永瀬さんだが、直接この鉄道に関わった期間は意外に短い。同文書諜報班に配属された後、ジャワ作戦に参加。サイゴンに帰隊したのち、部隊の進駐に伴ってシンガポールのセントーサ島にあった第三航空軍燃料補給廠で勤務。1942年12月に原隊に復帰した。そして、年が明けた1943年1月からタイ国へ輸送される捕虜を見送る通訳業務に従事した。これが永瀬さんと泰緬鉄道、そして捕虜たちとの最初の出会いだったという。

泰緬鉄道と永瀬さん

陸軍がタイとビルマを結ぶ鉄道建設に着手したのは、1942年のことだ。6月20日に大本営が建設を南方軍に命令。翌7月に着工、1年3ヵ月後の1943年10月25日に完成式典が挙行されている。

その後、永瀬さんはあたかも運命に呼び寄せられるように泰緬鉄道との関わりを深めている。

1943年3月下旬、泰緬鉄道建設作戦要員としてバンコクのタイ国駐屯軍司令部参謀部二課情報室勤務となり、9月1日付で泰緬鉄道建設のタイ側の基地・カンチャナブリ憲兵分隊勤務を命じられた。その後、マラリアの療養のため現地を離れた期間を除き、泰緬鉄道の建設現場に近い場所で勤務することになる。

だが、1943年9月といえば、泰緬鉄道が完成するわずか2ヵ月足らず前である。過酷な建設工事は永瀬さんが現地に赴任した当時はすでに終盤にあったのだ。このことが鉄道建設に直接従事した日本軍鉄道隊の元将兵らの一部に永瀬さんに対する反感を沸き立たせているように思える。すなわち、「彼は泰緬鉄道建設の現場での労苦を何ひとつ知らな

陸軍通訳の身分証

いのに、泰緬鉄道を一人で代表しているような顔をしている」と。

だが、後に記すように、永瀬さんにとって決定的な体験となったのは、日本の敗戦直後に連合軍が鉄道の沿線で三週間にわたって行った墓地捜索隊に参加したことだった。また、憲兵分隊で目の当たりにした忌まわしい捕虜拷問の記憶である。

永瀬さんは私にも繰り返し語っている。

「建設現場が実際どのような様子だったのか、戦争中はよく知らなかった」

それでも、永瀬さんをして生涯をかけた慰霊と贖罪に駆り立てた強烈な体験が先に挙げた2つの出来事であった。


私は映画「戦場にかける橋」のタイトルは知っていたが、小学生の頃テレビでその一部を見た記憶があるぐらいで、どこのどんな話なのかまったく認識がなかった。それだけに、永瀬さんの語る泰緬鉄道の歴史と戦後の彼の人生に興味をかきたてられた。戦後16年経って生まれた私には、もちろん戦争の体験や記憶はない。両親は昭和一桁世代で少年少女時代の苦労話はよく聞かされていたし、母のきょうだいの中には戦死した兄もいる。また、幼い頃、私が生まれ育った香川県多度津町の隣町・善通寺市の善通寺（弘法大師ゆかりの地として知られる）に初詣に行くと、白装束に義足や義手をつけた傷痍軍人が物悲しい音楽を流しながら物乞いをする姿に戦争の悲惨さを感じていたのが強烈な「幼児体験」として残っている程度である。

成長するにつれて戦記ものの著作物やテレビなどに接する機会もあったが、そのほとんどは勇ましさを強調するものだったたり、悲惨さのみを言い立てるものだったような記憶しかない。

永瀬さんはまた、私の抱いていた「旧軍人」のイメージとも異なった。正確に言うと永瀬さんは通訳であって、兵士ではないのだが、私は「軍人」というものにあまり具体的なイメージを持っていなかったのである。

ともあれ、永瀬さんは私が抱いていた旧日本帝国軍人のイメージを変えてくれた。

「いつか私も永瀬さんと共にタイを訪問し、現地の様子をこの目で見たい」

私は決意したが、実際に永瀬さんとの同行取材が実現するのは2年半以上も後のことだった。

オーストラリア人ジャーナリスト

私たちを乗せたワゴン車がカンチャナブリに着いたのは、現地時間で午前0時に近かった。日本時間では午前2時前にあたる。それでも、市内中心部は、屋台にたむろする人々、走り回るバイクやトゥクトゥク（荷台に何人かが乗る三輪タクシー）、サムロー（三輪の自転車タクシー）などでにぎやかだ。

車は市内中心部を抜け、辺りは真っ暗に。やがてホテルの明かりが見えてきた。到着したのは1年前（1993年）にオープンしたばかりの大型リゾートホテル「フェリックス・リバー・クワイ」だ。

ロビーに入ると、永瀬さんを待ちかねていた男がいた。バンコク・ポスト紙の副編集長ミクール・ブルック記者である。後に「Captive of the River Kwae」（邦題『クワイ河の虜』小野木祥之訳　新風書房）を出版する彼は、オーストラリア・シドニー出身。1962年生まれだから、私より1つ年下だ。何と、泰緬鉄道について報道するために、母国を出てタイの英字新聞社に職を求めたのだという。

彼の著書によれば、彼が最初に映画「戦場にかける橋」を「シドニーのじめじめした小さな映画館で最初に観たのは」7歳の時だった。彼がバンコク・ポストに職を得、カンチャナブリの戦場にかける橋を初めて訪れたのは1987年のことであった。彼は「こんなことは新聞には決して書いたことはない」と前置きした上で次のように記している。

悪名をはせた橋や線路のたたずまいは、どうしたことか、見覚えがある気がしてならない。何年も前ここで亡くなった人の目を通して、あたりを眺めているような幻覚にとらわれたのだ。カンチャナブリは以前にも訪れたことがあるのだという、不思議な気分を追い払おうと、必死にもがかねばならなかった。（中略）最初に橋を見たそのときから、カンチャナブリを巡礼したのは、子供のころ見た映画よりはるかに深淵なものに引きつけられていたからだと信じるようになった。（中略）橋に立った最初の瞬間から、わたしは昔ここで生き、そして一度死んだのだとはっきり知覚するようになった。

そして…私も彼ほどではないにせよ、泰緬鉄道との不思議な因縁を持ち合わせていたのかもしれない。それから7度にわたってタイを訪問することになるのだから。

さて、泰緬鉄道との運命的な縁を自覚するこのジャーナリストによれば、何グループかの元捕虜らが同時にカンチャナブリに滞在中だという。「もし彼らと鉢合わせしたらどうなるのだろう」と思いを巡らせ、さすがに緊張した。と同時に「ドキュメンタリーにとってハプニングこそが命。そこに生まれる緊張がきっと番組にプラスになるに違いない」と計算することも忘れていなかった。そして、永澤カメラマンと「もし、元捕虜と出くわしたら、その時こそ勝負だ」と確認しあった。

それにしても、泰緬鉄道を取材するためにはるばるオーストラリアからタイに移住するとは…。私は彼のこだわりと、やすやすと国境を飛び

ミクール・ブルック
記者

越えて仕事をする行動力に感嘆せずにはいられなかった。

たったひとりの日本人

翌朝8時過ぎ、永瀬さんたち一行は予定通り、まずカンチャナブリ駅前にある旧連合軍の戦争墓地に向かった。

カンチャナブリにある戦争墓地は、泰緬鉄道の沿線に戦後整備された3つの墓地の中でもっとも大規模な墓地である。墓地公園と呼ぶのがふさわしい広大な敷地は芝生や花々が美しく手入れされ、泰緬鉄道の建設工事期間中やその後亡くなった6982人の犠牲者が眠っている。

あとでわかったのだが、ブルック記者は永瀬さんと元捕虜が時を同じくしてカンチャナブリを訪問するという、業界用語でいう「前打ち記事」をこの1週間前「バンコク・ポスト」に掲載していた。そのため、ブルック記者はもちろんのこと、AP通信その他のメディアの記者やスチールカメラマン約10人が、戦争墓地で待ち構えていた。

私たちの車は墓地の正面入り口近くに停まり、一行は用意した花束などを携えて墓地の中へと入っていこうとした。

すると、一人の痩せた背の高い西洋人の老人が永瀬さんの方へ歩み寄ってくるのが目に入った。

「永澤ちゃん、こっちゃ!」

30メートルほど離れてロングカットを撮影していた永澤カメラマンを大急ぎで呼ぶ。少し遅れて勝見助手があわてて後を追い、音声ミキサーの接続プラグをカメラの後部にある音声端子に突っ込む。

カメラが回り、続いて音声が記録を始めた時、2人の老人はすでにがっちり握手をしていた。

「あなたをずっと待っていました」と背の高い老人。

「まず、おわびをしたい、この鉄道で私たちがしたことについて…」

永瀬さんが応じると、背の高い老人はそれを遮るように言葉をつないだ。

「あなたの謝罪は本で読みました。私にはそれで充分です。あなたは私が手を握り合いたいたった1人の日本人だ」

「オオ、サンキュー」

この時の「You are the only Japanese that I've wanted to shake hands with」というフレーズをそれから何回ニュースや番組で使用したことだろう。永瀬さんのみならず、私にとっても忘れ得ない一言だ。

彼の名前は、トレバー・デイキン。元イギリス陸軍伍長である。もち

トレバー・デイキンさんと握手

ろん、泰緬鉄道建設に従事した元捕虜の1人だ。

「あなたはイギリス人ですか？」と永瀬さん。

「イギリス軍の一員としてここに来て、戦後はカナダに40年間住んでいました。退職後、余生を過ごそうとここにやってきたんです。友人たちのもとでね」

デイキンさんは後方の墓地に連なる墓碑に向かってあごをしゃくった。そこには亡くなった彼の仲間たちが眠っている。

カンチャナブリ戦争墓地は、タイにくると永瀬さんが真っ先に訪れる場所である。デイキンさんたち元捕虜や遺族にとってここは格別神聖な場所だ。中には、日本人に対する憎しみが消えず、この墓地に日本人が立ち入ることに露骨に拒否反応を示す人たちもいるという。

デイキンさんは違った。微笑を浮かべ、日本からやってきた小柄な元陸軍通訳と何度も握手をしたのである。

「あなたに会うのに6年も待ちましたよ」

カンチャナブリの戦争墓地

英連邦の戦争墓地は横浜市保土ヶ谷区のもそうだが、大きさこそ違え、どこも同じようなつくりになっている。東西100m、南北150mほどの広大な敷地の中央奥に十字架の塔が立ち、墓碑が整然と等間隔で何列にも並ぶ。赤や黄色、色とりどりのバラやその土地の花々が植えられ、死者の魂を慰める。墓地は英連邦墓地委員会が管理しており、世界中、海外で亡くなった兵士たちはその場所で葬るのが英連邦の慣例だ。

墓碑には一つひとつ死者の氏名と階級、そして遺族などが贈った短い言葉が添えられており、涙を誘う。

「また会う日まで、母と妹の魂はあなたと共にある」などといった風に。20歳前後の人もいれば、40歳を超えた人もいる。中には「unknown unto god（神のみぞ知る）」というように氏名不詳の墓もある。

永瀬さんとデイキンさんは肩を並べ、その一つひとつを慈しむように覗き込んで歩いた。日本人一行の中には、鉄道建設に関わった元軍人が2人いた。宮城県から来た鈴木重郎さんと東京から参加した石原忠雄さんである。鈴木さんは鉄道第九連隊の軍曹、石原さんは獣医で鉄道隊に食糧の牛を供給する兵站部隊の少尉だった。

永瀬、石原、デイキンさんの3人は横一列に並んでしずしずと十字架の前に進み出た。そして、花束を手向け、祈りを捧げた。

私はデイキンさんがその合間に垣間見せた機敏な動作に目を奪われた。祈りが終わると、デイキンさんは回れ右、をして参列者の元に戻った。そのきびきびとした一瞬の動きは英国元軍人のプライドを物語っていたようにも見えた。あるいは、亡くなった戦友の前でぶざまな様子は見せられないという意地だったのだろうか。

追悼行事を終えた永瀬さんとデイキンさんをメディアが取り囲んだ。

「ミスター永瀬は握手したい唯一の日本人だ」

デイキンさんはまた繰り返した。

「きょうはとてもすばらしい日だ。長年の希望をかなえられたのだからね」

私は単独インタビューの撮影を彼に依頼した。

ブルック記者は著書にこの時の模様を次のように記している。


日本から来たテレビディレクターの満田康弘は、デイキンとの出会いでドキュメンタリーは新しい視点を与えられたといった。「もともと永瀬の慰霊の旅に焦点を合わせていたが、元捕虜のデイキンが進み出て話しかけてこようとは意外だったよ」あとで満田はビールを飲みながら、そう言った。「永瀬が過去の罪滅ぼしをしてきたことが、これで報われる。日本のテレビ視聴者は、謝罪が広く受け入れられていることを知るだろう」

デイキンさんの思わぬ登場で、すっかり気分が高揚してしまったが、このカンチャナブリ戦争墓地についてもう少し詳しく記しておかねばならない。この墓地はなぜ、どのようにして整備されたのか。その経緯こそが、永瀬さんを一生の慰霊活動に駆り立てた最大の理由だからだ。

連合軍の墓地捜索隊

日本の無条件降伏と同時に、永瀬さんの原隊であるタイ国駐屯軍司令部は、終戦処理司令部に名称が変わり、永瀬さんはバンコクに戻った。もともと、永瀬さんは駐屯軍司令部から出向という形で、カンチャナブリ憲兵分隊に勤務していたのだ。

「もう二度とあそこには戻るまい」と決心していた泰緬鉄道に、運命のいたずらは永瀬さんを再び引き戻すことになる。敗戦から1ヵ月後の9月中旬、東南アジア連合軍司令部から終戦処理司令部に1本の命令が下った。泰緬鉄道の地理に詳しい通訳を1名、台車を連結した貨物列車及び軌道車（車輪を鉄道の軌道に合うよう改造されたトラック）各1台とともにナコンパトム駅に用意せよ、というのである。鍬、鋤、鎌、鍋なども備品として準備するよう添えられていた。

これはいったい何を意味したのか。連合軍は、鉄道沿線に散らばっている捕虜の墓地をすべて確認し、犠牲者の数や名前を調査する墓地捜索隊を組織したのだ。

連合軍の墓地捜索隊
（左端が永瀬さん）

この捜索隊の通訳業務の白羽の矢が立ったのが永瀬さんだった。終戦処理司令部の通訳班長は青山学院の先輩で、何かと目をかけてくれていた人だったため、否応を言えるような状況ではなかった。

9月22日。ナコンパトム駅にイギリス人のブルース大尉を指揮官とする13人の連合国側捜索隊員が集まった。日本側は、永瀬さんのほかに、はるばるビルマ側から軌道車を運転してやってきた岩本兵長と林一等兵の3人である。

23日にナコンパトムを発った一行は2日かけていったんビルマ側起点のタンビサヤまで戻り、墓地捜索に着手することになる。出発前日、連合軍の将校の1人が永瀬さんを手招きして呼んだ。何ごとかと思う間もなく、彼はラジオのレシーバーを永瀬さんに手渡した。聞こえてきたのは、ニューデリーからの連合軍の日本語放送。日本軍の鉄道隊、捕虜収容所部隊、憲兵隊が三大戦犯部隊に指定されたという内容だった。みるみる自分の顔面が蒼白になるのを感じたという。

「君は何か捕虜とトラブルを起こしたことがあったか?」

「いえ、別に」

「マザー、マザー」

そう答えたものの、実はトラブルはないどころではなかった。永瀬さんはカンチャナブリ憲兵分隊で捕虜の思想動向などを探る特高班に所属していた。1943年8月末、カンチャナブリの捕虜収容所で捕虜がラジオを隠し持っているのが見つかった。その場でイギリス人将校2人が監視兵に撲殺され、5人は重傷を負って憲兵隊に連行されて厳しい取調べを受けた。戦地ではスパイは銃殺刑が常識だという。永瀬さんが尋問の通訳を担当した捕虜は泰緬鉄道の地図も所有しており、あくまで自分は鉄道ファンで、帰国した時の記念にするのだと主張した（事実、この捕虜は鉄道ファンだったのだが）。スパイ容疑を成立させ、軍法会議に送るため、憲兵の厳しい取調べが始まった。頑強に容疑を認めない捕虜に対して、水責めの拷問が始まった。

永瀬さんへのインタビューからその時の模様を再現しよう。

「捕虜は憲兵隊に連れられて来た時には、腕を骨折していました。憲兵分隊の裏庭に捕虜を連れて行き、長いすの上に寝かせてタオルで鼻と口を覆うんです。そして水を上からホースでかけると、息ができなくなるんです。捕虜が苦しくなって口を開けると、そこに水が注がれる。みるみるうちにお腹がこんなに膨れ上がってくるんです」

「捕虜はね、わたしより1歳年下だったのかなあ。『マザー、マザー』って泣くわけです。お母さん、あなたの息子はこんな目にあっていることを知っているのかと…」

このラジオ事件では、捕虜への暴行に関わった収容所の副官・駒井光男大尉らが戦後BC級戦犯として訴追され、2人が死刑となった。泰緬鉄道関係全体では実に111人が有罪判決を受け、36人が死刑となっている。

　永瀬さんも復員するまでの約1年間、自分も戦犯として摘発されるのではないか、という不安を胸に抱き続けることになる。

ジャングルの墓標

　ビルマ側の鉄道の起点タンビサヤから、墓地捜索は始まった。墓地の多くは2年以上の時を経て、ジャングルに戻っていた。最初に墓地だと指示された場所には3メートルにも成長したパパイヤの灌木に覆われていたという。木を切り、藪を分け入り、地面をまさぐると、木片が出てきた。十字架の一部だった。

「落ち葉の中から30センチもあるようなムカデや白い首輪を持つ大きなミミズがぱっと飛び出してくる。そんな土の下に捕虜たちは恨みを抱いたまま、眠っていたわけです」

　別の場所では、連合国軍の執念をまざまざと見せつけられることになった。指示された場所を掘り下げると、胸のところに20リットル入りの石油缶を抱えた遺骨が現れた。オーストラリア人将校が缶を割れと指示する。防腐剤のコールタールが噴き出す。中に手を突っ込むとイギリス製のタバコ缶が出てきた。中には、書類が密封してあり、この墓地に埋葬してい

連合軍の墓地捜索隊

る捕虜の死因や死亡した時の状況、日本軍部隊の指揮官、軍医、通訳などの氏名や階級などが細かく記録されていたのだ。これはのちにBC級戦犯裁判の重要な証拠となった。

ここに至って永瀬さんは思い知らされる。この捜索隊の目的は、犠牲者の氏名や人数を確認することのみならず、捕虜を虐待した戦犯を追及するための資料を収集することだったのだ。

自分自身のみならず、日本軍全体のためにも、この墓地捜索隊に誠意を尽くして対応しておくべきではないか。そう考えた永瀬さんは各地区を担当している鉄道隊に連絡をとり、墓地を整備しておくように依頼した。こうして捜索隊の仕事は一気にはかどることになった。

一方、アジア人労務者の墓地は荒れ果てたままだったのが、悲しいことであった。

だが、いやな体験ばかりではなかった。永瀬さんの手記によれば、沿線には墜落した連合軍の爆撃機の搭乗員を丁寧に埋葬した鉄道隊の若い将校がいて、連合軍のメンバーは大いに感激したという。また、メンバーの連合軍将校が、戦争中捕虜に何かと親切にしてくれた日本兵の姿を見つけ、旧交を温めあい、タバコや食料をたくさんプレゼントしたという。このように、早期完成の至上命令の下でも、人間性を発揮した日本兵もいたことは、大きな救いだった。

捜索は日本側の協力で大いにはかどり、当初7週間を予定していた日程は3週間で終わることになる。

このエピソードは、実に示唆的だと思う。ひとつの目標に向かって集中した時の日本人の力を物語ると同時に、かつて「天皇」を主人としていた日本人が、戦後は「米英」や「民主主義」を、ジョン・ダワー教授の表現を借りれば「抱きしめて」いったことを象徴しているように思われるのだ。

永瀬さん自身、捜索が終わった時、「それまで所属してきた日本軍の組織で4年間感じたことのなかったことを感じ」、戦犯に問われる危険性が高まることを承知で「このまま連合軍と行動を共にしたい」という誘惑に駆られたことを正直に告白している。それは、永瀬さんにいやな思いをさせているのではないかと思いやる連合軍将校の気づかいや、タバコやトラックの席を当たり前のように先に譲ってくれる紳士的な態度などによって生まれてきた感情だった。また、誠意を尽くした永瀬さんの姿を見て、当初の侮蔑的な「ツーヤーク」という呼び方がやがて「インタープリター」になり、「ナガセ」、最後は「ミスターナガセ」に変わっていったという。

こうして、チェックした墓地は沿線に220数ヵ所、遺体の数は1万2000あまりに上った。そして、ビルマ側に1ヵ所、タイ側に2ヵ所の共同墓地に埋葬し直したのである。

捜索隊の中で、人間的なつながりを得た永瀬さんだったが、心には深い傷が残った。

初めてのタイ巡礼
(1964年)

「3週間、毎日、毎日、捕虜の遺骨を見るんですよ。戦争から帰った時には心身ともにボロボロでした」

不思議な体験

永瀬さんは復員後、岡山に進駐した英印軍の通訳を務めたあと、1949年から千葉県の佐原女子高校で教鞭をとった。その後帰郷し、1955年、倉敷市で英語塾「青山英語学院」を開く。しかし、健康状態は一向によくならなかった。捕虜への拷問の場面、そして次々と現れるジャングルの十字架が永瀬さんを苛み続けた。発作が起きると、脈拍が200を超え、呼吸困難に陥る。

「そのボロボロになった心と体を取り戻すためのひとつの努力ですよ。その努力が他人から見れば反戦運動になり、個人的な戦後処理になったのだと思います」

風向きがようやく変わり始めるのは1962年、佳子さんと結婚してからだった。1963年、当時の田中角栄蔵相が翌年からの一般日本人の海外渡航の自由化を発表。誰でも気軽に海外旅行に出かける現在からは想像もできないが、戦後長らく日本人は留学やビジネスなど特別な理

全身が光に包まれたと感じた

由・目的がなければ海外に旅行などできなかったのだ。

1964年8月、永瀬さんは佳子さんとともに戦後初めてタイへの巡礼に出発。カンチャナブリ戦争墓地の十字架の前に花束を捧げた時、不思議な体験をした。

「シューという音がして、体が黄色い光に包まれるのを感じた。そして体から四方八方に光がパーッと飛んだ。その時『ああ、わたしの罪は許された』と感じたんです。それはすばらしい体験でした」

こうして、お金を貯めてはこの墓地に立つことが永瀬さんの生きがいになった。体もどんどん調子がよくなり、英語塾も市内に4つの教室を構えるほど繁盛していった。

クワイ河平和寺院

連合軍の戦争墓地を出ると、国道をほんの3分も進まないうちに「左・クワイ河鉄橋」という標識が見えてきた。単線の線路、つまりタイ国鉄ナムトク線、かつての泰緬鉄道の踏切を越えた直後に左折、しばらく線路に沿って車を走らせると再び踏切を渡ってすぐ右折すると小さな寺院の脇を通り抜ける。クワイ河平和寺院である。20坪ほどの土地に高さ5メートルほどのお堂。とがったオレンジの屋根。完全にタイ式である。永

僧になった永瀬さん
(1986年)

瀬さんがタイ式に僧になる修行を経てこの寺院を建立したのはこれより8年前、１９８６年のことだった。泰緬鉄道の犠牲者の冥福を祈るためである。タイは敬虔な仏教徒の国だ。

永瀬さんが白い法衣に身をつつみ、剃髪して修行に臨む姿を撮影した写真がある。おそらくメディアに請われてであろう、クワイ河鉄橋で手を合わせる姿を撮影したものもある。こうした行動を永瀬さんは堂々と、大真面目にやってきた。ドンキホーテ的だ、売名行為だと冷笑する向きもあっただろう。しかし、この寺院の建立以来、タイの人たちの永瀬さんを見る目ははっきりと変わったという。

クワイ河鉄橋に程近い場所に日本軍が建てた犠牲者の慰霊塔がある。当時のタイ方面軍司令官の中村明人中将が南方総軍の反対を押し切って建立した。いわば、日本軍の良心・犠牲者への弔意を当時としては最大限、表したものだ。毎年3月には、タイの日本人会が慰霊祭を実施しているという。だが、残念なことに、この慰霊塔はタイ人に充分受け入れられたとは言いがたいようだ。また元捕虜たちや遺族にとっても、この慰霊塔の建設にまた捕虜を使役したこともあり、怨嗟の対象にさえなっているという。

外国へ来たら、まずその土地の文化や宗教を尊重する。考えてみれば

クワイ河平和寺院

当たり前の態度である。岡山市に本部を置く国際医療NGO・AMDAの菅波茂代表は、岡山大学医学部の学生だった1971年、友人たちと「クワイ河医学踏査隊」を結成し、永瀬さんの案内でタイ奥地の医療状況などを調査した。これが現在世界29ヵ国に支部を持つAMDAの源流だ。その際、永瀬さんの現地での行動・態度に大いに影響を受け、AMDAの国際援助の根本をなす行動原理となったという。菅波さんは次のように言う。

私が戦争に対する意識を更に向上させたのは、AMDAの源流である岡山大学医学部クワイ河医学踏査隊のお世話をしていただいた永瀬隆氏のお蔭です。永瀬隆氏の泰緬鉄道に従事した連合軍捕虜および各国からの労務者に対する活動でした。きびしい人間関係を克服して和解と相互理解にたどり着かれるまでの長い道のりを傍で見させてもらいました。多様性の共存に宗教的要因がはずせない事実を経験しました。永瀬氏がタイの人達にクワイ河平和寺院と命名された小さなお寺を寄進された時から、タイの人たちの永瀬氏に対する態度がより尊敬に満ち、より信頼感が増したことです。(AMDA journal 2004年7月号)

戦場にかける橋

寺院を過ぎると、あの「戦場にかける橋」はすぐそこだ。今やタイ国鉄ナムトク線にかかる一本の鉄橋に過ぎないが、ある意味では泰緬鉄道の名を世界に知らしめた立役者ともいえるこの橋のたもとに立った時、自分はどんな感慨を抱くのか。私自身あまり予想がつかなかった。

出会いはあっけなくあっさりしたものだった。私の思い入れを打ち砕くかのように。橋の周囲は観光客でごった返していた。立ち並ぶ露店に隠されるように、古びた蒸気機関車が停めてある。もちろん、もう動かないものだ。ＳＬに詳しくないので日本製かどうかよくわからない。「泰緬鉄道を走っていたのはＣ56だったと記憶していたが…」などと思い、運転席に上ってみる。カメラマンにとっては格好の被写体だ。永澤カメラマンは魚眼レンズなども持ち出して、熱心に撮影している。よく調べると、ここに置かれていたのは日本製のＣ56が1両とイギリス製の機関車が1両のようだ。ただ、戦後タイ国鉄の車両として使用されていたため、ＴＮＲという文字が車体に緑色で入れられていた。

やがて、重々しいディーゼルエンジンの轟音を響かせて、下り列車がやってきた。橋の手前に駅があり、列車はここに停車する。この駅はもともとなかったのだが、急増する観光客に備えて新たに設けられたものだ。この当時も、この文章をまとめている現在も、列車は基本的に変わ

クワイ河鉄橋を渡る列車

っていない。黄色いディーゼル機関車に牽引された客車はくすんだクリーム色と青のツートンカラーか銀色に輝くジュラルミン製かのどちらかだ。列車は西洋人の観光客が鈴なりだ。

この駅で多くの観光客がいったん下車する。すぐ列車に戻ってさらに60km先の終点・ナムトクまで向かう人もいれば、橋をじっくり見物するため、列車には戻らない人もいる。

何しろ、列車は平日3本、土日でも4本しかない。1本乗り損なうとあとが大変だが、観光客の大半は待っている大型バスなどに乗り換えて観光を続ける。ちょっとした体験乗車というわけで、バンコクから車で2時間ほどで着くこの場所は絶好の日帰り観光ルートとなっている。

橋を列車が渡り始める。橋上にはたくさんの観光客。汽笛が鳴り響き、橋の上にいた人たちは約10mごとに設けられている待避所に身を寄せて列車をやり過ごす。列車の窓の多くは開け放しで、みんな顔を突き出したり、こちらに向かって手を振ったり、カメラのシャッターを押したりと大はしゃぎである。

驚いたのは、クワイ河を行き来するディスコ船だ。日本で言えば屋形船みたいなものだろうか。全長15mほどの平らな船のデッキ全体がフロアになっていて、巨大なスピーカーがヒ

クワイ河鉄橋を
上流から望む

ットソングを大音量で辺りに響かせる。デッキでは、たくさんの男女が食事をしたり、踊ったり。タイ人がほとんどのようだ。

もはや、「死の鉄道」のイメージはそこにはない。映画のロケ地を見物するというような気軽さである（実際には「戦場にかける橋」のロケはスリランカで行われている）。

ところで、今ではすっかり有名になり、当地の英語表記にも記されているクワイ河という名称だが、実際にはクワイ河という川は存在しない。国境付近から流れ出るクウェーヤイ川とクウェーノイ川が合流するのがここカンチャナブリで、クワイ河鉄橋は合流地点のすぐ上流、クウェーヤイ川にかかっている。ちなみにタイ語でクウェーは支流、ヤイは大きい、ノイは小さいことを指す。合流した2つの川はメクロン河となってバンコクから南西70kmほどのシャム湾に注ぎ込む。ここでややこしいのは、戦時中、クワイ河鉄橋が「メクロン永久橋」と呼ばれていたことだ。クウェーヤイ川が当時はメクロン河と呼ばれていたからだ。

もうひとつ、映画「戦場にかける橋」を見てこの地を訪れた観光客にははなはだ申し訳ないのだが、また、あまり知られていることではないのだが、実際にはこのクワイ河鉄橋は、「戦場にかける橋」のモデルではないのだ。

本当のモデルは?

泰緬鉄道はクウェーノイ川に沿って作られたが、川を横切る大きな橋はここにしかない。しかし、映画で登場する橋が深山幽谷にかかる木製の橋だったのに対し、クワイ河鉄橋は平地にある上、全長305m、構造もコンクリート製の橋脚と鋼鉄製の11のスパンを持つ堂々としたものだ。鉄橋の100mほど下流に仮設の木製橋が鉄橋より一足先に完成したのだが、これも構造は映画のものとは随分違う。

それでは、本当のモデルはどこにあったのか。正解は、ミャンマーとの国境から13km、ソンカリア村のソンカリア川にかかっていたソンクライ橋だ。

戦後、国境区間は廃線となり、カオレムダムの完成によって水の底に沈んだ。2005年11月、マレー半島ピースサイクルを主宰する小野木祥之さんが、乾季を迎え水かさが下がった現場を歩き、橋の基礎の跡を確認した。さらに翌2006年2月にも、現場に近づいて基礎の状態を細かく観察した。ソンクライ橋の位置については地元住民から異論も出たが、その後も調査を続けた同氏は、2008年6月に「やはりこの場所に間違いない」と特定するに至った。このくだりはマレー半島ピースサイクル(MPPC)のホームページに詳しく解説されているので、興味のある方はぜひご参照いただきたい。

ソンクライ橋の全長は80m。建設を指揮したのは、鉄道第五連隊の小隊長・阿部宏中尉。

阿部さんが描いたソンクライ橋の構造図を見ると、橋は5ｍずつの16のスパンで構成されている。川底は岩盤でそこから線路までの高さは約16ｍ。中央部の7つのスパンは約5ｍずつ3段組み上げた形で、川の土手の傾斜に沿って端の方に行くに従って2段に、さらに端にいくと1段になっている。なるほど、映画の橋とはやや違うが、クワイ河鉄橋よりはずっとこちらの方が似ている。なお、鉄道研究家の塚本和也さんの記述によると、映画の橋はイギリスにあるフォース橋がデザイン上のモデルになっているようだ。また、阿部さんの構造図には、雨季と乾季で水面の高さがどれぐらい違うかも書き入れてある。「戦場にかける橋」のラストシーンで急に水かさが下がって爆破装置の電線があらわになり、ニコルスン大佐が爆破計画に気づくエピソードを思い起こさせる。

このタイ最奥地の区間は、シンガポールから最後に送られたＦフォースと呼ばれる捕虜たちが建設に従事した。もともと病気などで体力が低下していたのにもかかわらず、増援の要請によって送り込まれた7000人あまりの英・豪捕虜のうち、3087人が命を落とした。ソンクライ橋の建設には1200人の捕虜が従事し、600人が死亡したといわれる。自ら、建設工事を「地獄のような12ヵ月間」と振り返る阿部さん

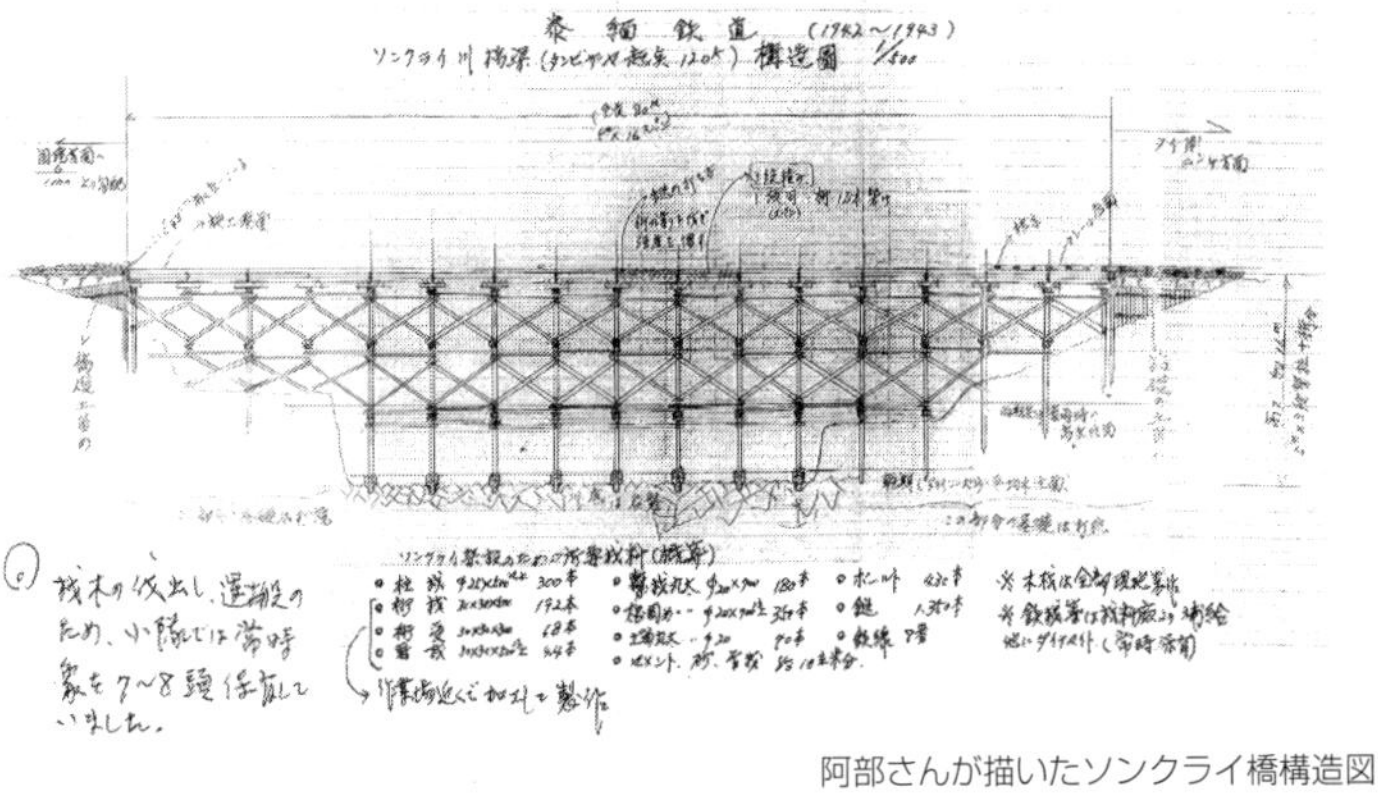

阿部さんが描いたソンクライ橋構造図

は、BC級戦犯裁判で死刑判決を受けたが、のちに15年に減刑となり、2002年に亡くなった。晩年、元捕虜の追悼行事に参加するなど、永瀬さんとも親交を深めた人だ。「戦場にかける橋」の原作者・フランス人のピエール・ブールは多数の捕虜が亡くなったこの橋について取材し、小説を書き上げた。小説の中でも、現場は国境から数マイル下がったところだと書いてある。

ダムの完成とともに、ソンクライ橋は人々の記憶から消えていった。さらに、映画のヒットで「戦場にかける橋」目当てに押し寄せた観光客のためには、列車の運行区間にあり、交通の便もよいクワイ河鉄橋がモデルとして流布したほうが、タイ政府観光庁にとっても都合がよかったのだ、とはタイ・ビルマ・レールウェイ・センターのロッド・ビーティー館長がちょっぴり皮肉な書き方で指摘しているところだ。

それでもなお、観光客が写真撮影を楽しむためだけではなく、クワイ河鉄橋は泰緬鉄道の当事者たち、すなわち元捕虜たちや元鉄道隊関係者、永瀬さんにとって重要なアイコンである事実には変わりない。ある人にとっては憎しみや苦しみ、またある人にとっては懐かしさ、またある人にとっては和解の象徴的な場所としてこの鉄橋は存在し続けている。

和解の再会

1976年。永瀬さんはこの鉄橋で元捕虜との再会行事を計画した。元捕虜の手記などを読み、なんとか怨念を取り払い、和解したいと考えたのだ。それまでに21回のタイ巡礼を果たしていた。

計画が発表されると、国内外から大きな反響があった。良い反響より悪い反響の方が大きかった。ちょうどクワイ河を訪問していた元捕虜は「そんなことをしたら、日本兵をクワイ河に叩きこんでやる」と息巻いたという。

中でも元捕虜団体の反応は強烈だった。ある団体などはわざわざ、この再会計画を無視するという声明を発表したほどだった。それほど、元捕虜たちの怨念は強かったのだ。

また、日本の鉄道隊関係者からも反発が起こった。「過去を反省してわびる」という趣旨が納得できなかったのだ。彼らにしてみれば、自分たちは命令に従って懸命に努力しただけで、戦犯裁判で充分に報復を受け、償いは済ませているという思いが強かったのだ。

日本の外務省からは4度にわたって中止を勧告された。無用なトラブルが起こることを懸念したのである。地元岡山県選出の橋本龍太郎代議士（のちに首相。2006年没）を永瀬さんのもとに訪ねさせ、説得も図った。もっとも橋本氏はのちに「あのおじさんは頑固だから、そう簡単には引き下がらないと思う、と答えておいたよ」と笑っていたそうだが。

一方で、「面白そうだから、参加してみよう」という声も次々に上がり始めた。こうして、1976年10月25日、泰緬鉄道が開通してからちょうど33年目のこの日、再会計画は実現した。カンチャナブリ県知事を先頭に、日本側51人、旧連合国側23人がクワイ河鉄橋を手に手を携えて渡った。旧連合国側の内訳は、オーストラリア18人、イギリス3人、アメリカ2人だった。

私はタイに取材に来る前、この時の模様を取材した30分のドキュメンタリー番組を永瀬さんから借りて見ていた。朝日放送の「世界のどこかで」というシリーズの「泰緬鉄道　33年目のその日」がそれである。

番組はタイの雨季の激しい雨の場面から始まる。当時はビデオでなくフィルムの時代で、重々しいナレーションや音楽と相まって、フィルムの質感が古い時代を余計にリアルに表現しているような印象を受ける。戦争墓地での慰霊式典で、日本側参加者は喪服姿で弔意を表している。かつての敵味方が一緒に鉄道に乗るシーンもあった。また、アジア人労務者の問題もこの時期にきちっと言及している。この番組を制作したディレクターは鈴木昭典さん。鈴木さんは朝日放送時代、数々のドキュメンタリーで各賞を総なめにし、退職後の1988年、制作会社「ドキュメンタリー工房」を設立。傘寿を越えた今も現役のプロデューサー、ディレクターとして活躍している。瀬戸内海放送では何度も鈴木さんの会社にドキュメンタリー番組の企画・制作協力をお願いしたことがあり、海をテーマにした一連の作品群は鈴木さんなしでは生まれ得なかった。

和解のしるしに
鉄橋を渡る

橋をもっともよく見渡すことができるクワイ河左岸側のレストランのテラスが、永瀬さんお気に入りの場所だ。橋をバックに、永瀬さんにマイクを向ける。それまでも何度か尋ねたが、ここで聞くことに大きな意味がある。

—なぜ、生涯をかけて慰霊に取り組んだのですか？

「終戦後、連合軍の墓地捜索隊に3週間にわたって参加して、犠牲者の数に驚きました。無残に死なれた方の霊を慰めなければならない、と決意しました」

—でも、永瀬さんでなくてもいい訳ですよね？

「そうだねえ、確かにそうかもしれない。でも誰かがやらなきゃいけないし、沿線に沿ってすべての悲劇を目撃したのは私しかいない。とにかく、ジャングルの中で受けたあの激しい衝撃。あれが私の人生を変えてしまいましたね」

泰緬鉄道とは

ここで泰緬鉄道について改めてその概要を記してみたい。正式名称を「泰緬連接鉄道」という。泰国（タイ）と緬甸（ビルマ）の頭文字をとった通り、タイとビルマ（現ミャンマー）を結ぶ鉄道である。全長415㎞は東海道線の東京―大垣間に相当する。1942年7月に着工、1年3ヵ月後の1943年10月に完成している。1日当たり890mという驚異的なスピードだ。

泰緬鉄道はなぜ建設されたのか。当時の情勢から簡単に振り返っておこう。

真珠湾攻撃より1時間あまり早く、1941年12月8日、日本軍はマレー半島東岸のコタバルに上陸し、シンガポールに向けて進軍を開始した。マレー作戦である。マレー半島、シンガポールからイギリスの勢力を一掃するのが目的である。時を同じくして展開されたのがフィリピンからアメリカ軍を駆逐するフィリピン作戦。翌42年1月5日、マニラ占領。同2月15日、シンガポール陥落。3月8日、ジャワのオランダ軍が降伏。約8万人の英・豪州・英印軍が捕虜となった。ビルマ方面においては、3月8日ラングーンを占領。5月中にはビルマ全土を掌握した。

だが、連合軍側も反攻に出る。日本軍にとっては、ビルマの占領継続もさることながら、連合軍による中国国民党の蒋介石への援助ルートを断つことが喫緊の課題だった。そこで最大の障害となったのが、ビルマ方面への補給路である。ビルマ作戦の初期はタイ――ビルマ間の山中の「象の道」を徒歩で行軍してビルマに進出した陸軍部隊（15軍）だが、なんとその後の補給については確たる計画はまるで想定されていなかったのだ。

『泰緬鉄道　戦場に残る橋』（読売新聞社）の著者で南方軍鉄道隊参謀長をつとめた故広池俊雄さんによれば、鉄道建設の構想そのものは、太平洋戦争開戦前の1941年10月に南方へ向かう輸送船の船上で練られたという。つまり、もともとは大本営の発案ではなく、現地鉄道隊の提案が発端であった。ルートの候補は5本あった。

①　タイ中部のピサヌロークから北上、チェンマイを経て、西のトングーへと至るルート

②　ピサヌロークから西へ向かい、ラングーンに達するルート

③　バンコクとマレー半島へ至る結節点のバンポンからカンチャナブリを経てタンビサヤに至るルート

④　バンポンから真西へタボイをめざすルート

⑤　タイ南部のチュンポンから半島をまたいでメルギーへ向かうルート　である。

このうち、③のルートに決定することになるのだが、その理由としてはトンネルを建設しなくても済むこと。次に大河を渡らないこと。不十分な資材や機材でできるだけ早期完成させるために、クワイ河に沿って遡るこのルートが最適と判断されたわけだ。川に沿って建設すれば資材の運搬にも好都合だ。奇しくも、このルートは20世紀初めにイギリスが建設を検討し、断念したのと同じだったらしい。

しかし、東京の大本営はその費用の莫大さや困難さから現実性を疑問視していた。一方で、現地鉄道隊は測量や設計図を検討し、準備をすすめていた。そして、ビルマ方面への補給路の確保が避けられない情勢に至り、1942年6月20日、大本営は泰緬鉄道建設にゴーサインを出す。

大陸指（大本営陸軍部指示）

泰緬鉄道建設要綱

一、目的　ビルマに対する陸上補給路を確保し、泰緬両国間の交易交通路を確保する

二、経路　ノンプラドック——ニーケ——タンビサヤ

三、輸送能力　一方向に日量約３０００噸

四、建設期間　十八年末完成の予定

五、所要資材　現地資材を主とし、所要の物を中央より交付す

六、所要経費　７００万円

七、兵力　所要の部隊を配備す

八、労力　現地労務者及俘虜を充てる

注目すべきは、「泰緬両国間の交易交通路を確保」のくだりである。捕虜の取り扱いを定めたジュネーブ条約（１９２９年）に日本は調印したが、批准はしていなかった。ジュネーブ条約では、軍事作戦に捕虜を使用することを禁じていた。この表現は条約に抵触しないよう、注意深く配慮した結果である。そして、「現地労務者及俘虜を充てる」命令が、捕虜１万３０００人、アジア人労務者数万人もの犠牲者を生むことになる。

JEATH戦争博物館

鉄道建設工事の実相を伝える博物館がカンチャナブリ市内にある。鉄橋付近でしばし撮影や休憩をしたのち向かった。鉄橋から下流に約4km、ワット・チャイチュンポーン寺院の境内にあるJEATH戦争博物館だ。JEATHというのは鉄道に関わった国の頭文字をとったものだ。すなわち日本・イギリス・アメリカ・オーストラリア・タイ・オランダで、入り口にはこの6ヵ国の国旗がはためく。1977年にオープンしたこの博物館は手づくり感あふれるものだ。つまり、決して立派なものではない。だが、その粗末なつくりがいっそう建設現場の悲惨さを想起させ、強調する効果をもたらしている。メーンの展示場は奥行き20m、横20mほどのコの字型で、何度か改築されているようだが、竹で組んだ骨組みにニッパヤシで葺いた屋根でできている。中は薄暗く、じめじめしている。つまり、当時の捕虜収容所の宿舎を再現しているというわけだ。館長はワット・チャイチュンポーンの僧侶・トムソン師が務める。

展示しているのは、鉄道建設現場や捕虜収容所での生活ぶりを撮った写真だ。順路に沿って進むと連合軍による鉄橋の爆破、日本の降伏、捕

JEATH戦争博物館の内部

虜の解放へと時代に沿って展示している。さらに進むと今度は収容所での生活や病気になった捕虜の様子を描いた絵画。水責めの拷問や重い石を頭上に持ち上げる体罰を描いたものもある。

現在、泰緬鉄道関係で残っている写真は私の知る限り大きく分けて3つにわけられるようだ。1つは戦争中に日本軍側が撮影したもの。陸軍は鉄道建設の記録映画を製作したが、のちの東京大空襲で焼失してしまったとみられ、編集のあと残ったフィルムのコマを保存していたカメラマンの故泉信次郎さんが現像したもの。それに鉄道第九連隊の将校だった菅野廉一さんが個人的に撮影したもの。2つ目は連合軍が鉄道を爆撃した際、上空から撮影したもの。3つ目は終戦直後に連合軍が撮影したものだ。3つ目は捕虜の表情が喜びにあふれていたり、逆にやせ衰えた捕虜を重点的に撮影したりしたものが多い。日本軍の残虐性を証明しようという意図がうかがえる。逆に記録映画の写真は、建設現場の躍動感を表現した逆のプロパガンダの意図が見て取れる。

JEATH戦争博物館の展示を見ていると、日本人としては肩身の狭い、いたたまれない思いに苛まれることになる。展示を見た西洋人の視線が痛いほど突き刺さってくるように思えてくるのだ。

レールの敷設作業

1994年当時は、中庭に半分に切り取った砲弾が釣鐘のように吊り下げられていて、有名な「FORGIVE BUT NOT FORGET」（許そう、しかし忘れまい）の言葉が書かれていた（現在は正面入り口にこの言葉が掲げられている）。

2011年現在、泰緬鉄道の沿線にはこの他に博物館が2館ある。ひとつは98年に泰緬鉄道の難所・ヘルファイヤー・パスにオーストラリア政府が建てたヘルファイヤー・パスミュージアム。カンチャナブリの戦争墓地の横に2003年に完成したタイ・ビルマ・レールウェイ・センターだ。どちらも近代的な設備と洗練された展示内容を誇る。特にタイ・ビルマ・レールウェイ・センターはオーストラリア人のロッド・ビーティー館長が廃線区間を踏破して執念で集めた資料の数々や、迫力のあるジオラマ、できるだけ公平な視点で鉄道の歴史を見つめ直そうと、日本側の建設に至った事情なども説明した展示内容が、旧連合国出身者が開いた博物館としては異色の存在だ。

地獄の建設現場

実際の建設現場や捕虜収容所での生活はどのような状況だったのか。イギリスでは元捕虜による体験記が300冊以上出版されているという

メクロン永久橋（クワイ河鉄橋）の建設

が、日本語に翻訳された手記の中から一部を抜粋しよう。

多くの手記が、まずシンガポールから現地に移送された環境の苛烈さについて記している。永瀬さんが翻訳したレオ・ローリングスさんの手記はこうだ。

トラックに乗車し駅へ連行され家畜のように貨車に詰め込まれた。太陽の熱で貨車は焦げつくオーブンとなった。その中へ30名ないし50名が押し込まれて出発して行った。

私はまだ赤痢患者だった。この厄介な病気は日によっては50回ぐらいの便所通いが必要であり、この貨車にも私と同じような患者が10名ほどいた。この用便業務のためにバケツ1個が用意されており、食事用にもう1個のバケツ、それだけだった。（中略）赤痢患者は肉体の欲求と必要性にせまられて、列車が止まるごとになんとか理由をつけ、命令を無視して貨車から飛び降りなければならなかった。しかも血便の尾を引きながらである。

洗濯などの設備もなく、またそれをするチャンスもなかったので衣服の状態はご想像におまかせする。

『泰緬鉄道の奴隷たち』レオ・ローリングス著　永瀬隆訳

捕虜収容所の内部

捕虜たちは「快適な休憩所と最高の食事が待っている」と保養所の宣伝のような文句を聞かされて、タイやビルマへ向かった。しかし、そこで待っていたのは「地獄」だった。

「いまからは、病人はいないのだッ」とかれ（日本軍将校）は吠えた。

「全員、健康体である。オール　メン　ワーク。日本の天皇陛下のために働くのだ」

捕虜たちは鉄道の拠点・バンポンから奥地の建設現場へ徒歩の行軍を強いられた。

われわれは夜通し行進させられた。（中略）道路というより何もないと言った方がましな状態で、水牛車の深い轍の跡のくいこんだ水のしみこんでじくじくした泥んこの地面だった。われわれはそれを這い、滑り、お天気具合によっては浴びせるような雨、またすぐ焼けつくような暑さに変わる山腹の径を呪いながら進んだ。

食事の配給

捕虜収容所での生活と建設作業についてはどうか。

食料事情の悪い収容所は1日2食、悪臭のつきまとう古米のそのまた3分の1の飯、ご存知の野菜シチュー。水もお茶もなかった。

当時、われわれが生命を維持するためとして強要された食事は、本質的にビタミンとカロリーに欠けており、その結果がわれわれの体を蝕むことになった。食事のほかに何も活力源がないので、われわれはいわば骨の髄に寄食している状態に落ち込んでいた。多くの軍医の証言がそうだった。

これに加えて恐るべき重労働がいっそう強要され捕虜の生命を奪い始めていた。ありとあらゆるすべての種類の疫病が流行し、また非常識な長時間労働がジャングルの樹木の伐採や路盤整備に課せられ、捕虜はその場で死んでいった。

鉄道の建設が最盛期に入り、さらに工期の短縮命令が出された1943年2月以降は「スピードゥ」時代と呼ばれる。日本軍の監視兵らが覚えた英語で作業を急がせた言葉からとっ

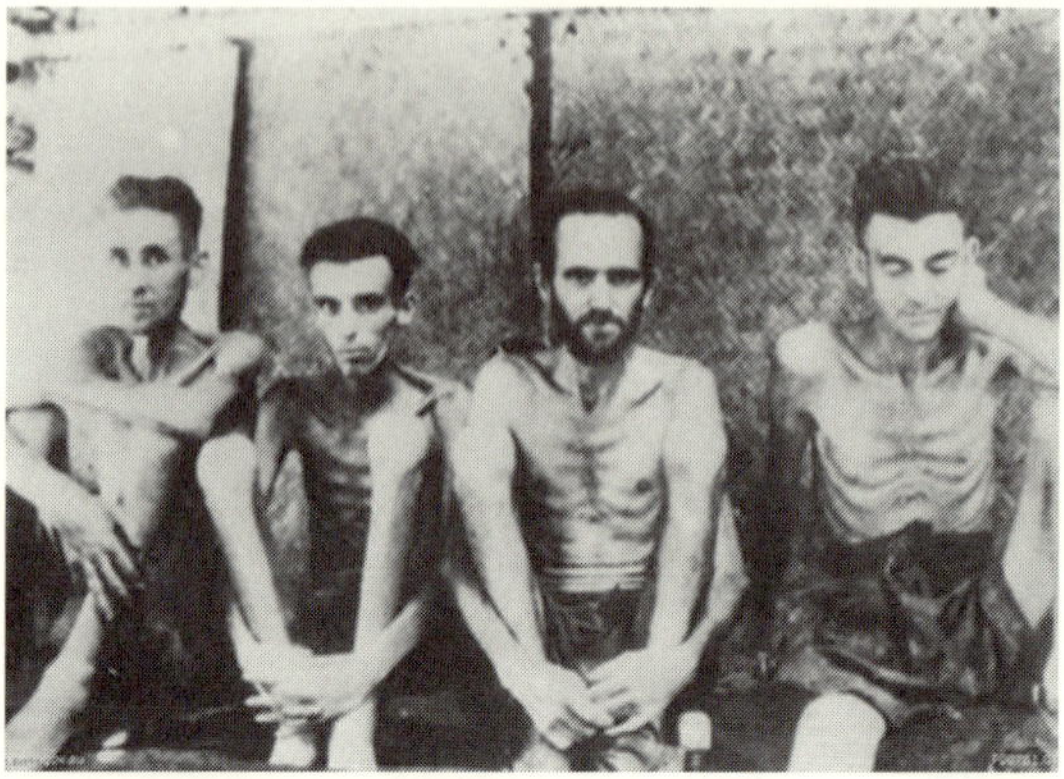

やせ衰えた捕虜

たものだ。加えて、この年は雨季の到来が例年より早かったことも悲劇をさらに大きくした。国境地帯ではコレラが大発生した。

そこはすでに労務者の患者で超満員であり、すべてがコレラと赤痢に罹病しており、激しい苦痛に、のたうちまわっていた。有色白色の人種を問わず、同じ小屋に横たわり、ぼろをまとい、または素裸で、寒く湿った夜などはお互いに身体を寄せ合って温めあったのである。労務者、捕虜ともども自制心もなく嘔吐し、排泄物をあたりいちめん撒き散らしたままだった。

毎日まだ歩ける捕虜が選ばれ、夜のうちに死んだ者を運び出した。死臭が四方八方にたちこめ甘い芳香で吐き気を催した。描写することもできないほどの凄まじい情景だった。

ＪＥＡＴＨ戦争博物館を夢中で撮影していた永澤カメラマンの体に異変が起きた。無理もない。真冬の日本から猛暑のタイにやってきて、早朝から休まずに撮影を続けてきて、暑さにやられたようだ。人一倍頑健な体を誇る彼にして、タイの気候はあまりにも厳しい。少し休憩が必要

死亡した捕虜の葬式

なようだ。

「決して許さない」

夜、約束通り、トレバー・デイキンさんがホテルにやってきた。冷房のよく効いたホテルのロビーの一角でインタビューを開始する。デイキンさんは捕虜当時の詳しい生活ぶりについては、「あまり思い出したくないし、語りたくない」と前置きしたが、話し始めると次第にその口調は激しさを増し、熱を帯びてきた。以下にその主な内容を紹介する。

―捕虜生活はどのようなものでしたか?

それは3年半にも及ぶ屈辱と飢餓の日々でした。なぜそんな目に遭わなければならないのか、まったく理解できませんでした。ただひとつ、日本人の考え方でわかったのは、捕虜になるということは恥かしいことだということです。我々の文化にはない考え方でした。

日本は捕虜を、もっと人間的に扱うことができたはずです。戦闘中であれば、お互いに平等です。しかし、ひとたび敗れれば、それ以上踏みつけられるべきではありません。

捕虜になってから、我々にはろくに薬も与えられませんでした。国際赤十字から送られた薬です。戦争が終わってみると、なんとそれは倉庫の中からいっぱい見つかったのです。悲しい光景でした。薬さえあれば、数え切れないほどの仲間の命を救うことができたのに…。まったく我々の元には届けられなかったのです。食糧も同じことでした。国際赤十字から送られた食糧も届かなかったのです。なぜなんだ？　と言うしかありません。

捕虜を死ぬまで働かせるのが、日本の意図だったのではないでしょうか。私はそう確信していますし、仲間たちもみんなそう信じています。なぜなら、誰か捕虜が亡くなると名誉なことだと祝福されたのですから。天皇陛下のために命を捧げることができたのは名誉なことだと。とても信じがたいことです。これ以上言うべき言葉が見つかりません。

我々は、個人的な屈辱感といった心理的な面のみならず、あからさまな暴力にも苛まれていました。わたしたちの基準からすれば、脱走を試みるのは義務です。ところが、逃亡を試みれば処罰されました。それどころか、収容所の外にいるだけで処罰されたのです。「ただもう少し食べ物が欲しくて探していただけだ」「今、キャンプに戻っているところだ」と主張しても無駄でした。容赦なく処罰が待っていました。

トレバー・デイキンさん

一日一日を生きるのに精一杯でした。自由になるという希望を失っていました。ニュースを知ることもできず…ラジオを操作しても処罰されましたからね。そう、その前にケンペイタイの拷問のことを話し忘れていました。恐ろしい人たちです。

日本は我々が無防備な時、絶望の淵にいる時にも敵となったのです。つまりそれは「二重の敵」でした。

―元捕虜の人たちから憎しみが消えることはないのでしょうか？

心に染みついて離れないモットーがあるのです。決して忘れないし、決して許しません。それは今なお、我々捕虜にあって、死ぬまでそれは変わらないでしょう。今日、日本と共存していかなければならないことはわかっています。それでも、約50年を経て生存しているわずかばかりの元捕虜の誰もが、決して、決して許してはいないのです。

最後の「決して許してはいない」のくだりで、デイキンさんは「never」を4回繰り返して使った。それは、激しい口調だった。

―なぜ、永瀬さんに会いに来たのですか？

大変よい質問です。喜んでお答えしましょう。私は余生を過ごそうとタイにやってきた7

年前に、初めて永瀬さんのことを耳にしました。残念ながら、これまでに数回は、永瀬さんが日本に帰ってしまってから、彼のタイ訪問のことを知ったのです。私はぜひ永瀬さんに会いたいと思っていました。というのは彼に関する多くの記事を読み、彼が書いた本『虎と十字架』を読んで、彼が日本軍の下で犠牲になった人たちに償いをしてきたのを知りました。ですから、永瀬さんは握手をしたいと思ったたったひとりの日本人なのです。

彼がカンチャナブリ戦争墓地に来た時に居合わせられるよう、格段の努力をしましたが、きょうは運よく彼や仲間の人たちに会うことができて、かけがえのない時間を過ごすことができました。握手をして、長年の希望をかなえることができました。

私は65歳でリタイアしてから、戦後初めてタイを訪問しました。そして、泰緬鉄道から生還した元軍人や亡くなった人の遺族・友人たちのために何かできないかと考え、老後をタイで暮らすことを考え始めたのです。彼ら生存者が知りたい様々な情報を調べることにしました。彼らは犠牲者が眠る墓地の場所ぐらいは知っていますが、詳しいお墓の位置や番号までは知りませんからね。そして、多くの新聞やテレビドキュメンタリーなどが私にインタビューしてくれたおかげで、驚くほどたくさんの退役軍人や遺族から反響があったのです。私は彼らのリクエストにこたえて、チュンカイ共同墓地やカンチャナブリ戦争墓地の中で墓標の写真を撮って知らせることができました。私にとって光栄な経験となったのです。生きがいを実現したような気がしましたよ。そしてありがたいごほうびもありました。6年前に結婚した妻のことです。おかげで今は幸せで満ち足りた日々を送っていますよ。

デイキンさんは傍らにたぶん彼の年齢より40歳ほど若いタイ人の奥さんと2人の息子を伴っていた。子どもたちはおそらく奥さんの連れ子だろう。

―若い日本の人たちにメッセージはありますか?

我々は平和を望んでいます。世界大戦はもう二度と見たくない。私の同胞やかつて敵だった人たち…どんな人にも戦争の惨禍が及ばないことを祈っています。人生を振り返れば、第一次大戦は知識として知っていたし、第二次大戦は身をもって経験しました。もうたくさんです。

あなたの国の若い方々にメッセージを贈るとするなら、旧連合国の若者たちと同じように平和を望んでいることに希望があると思います。共に平和な世界に生きようではありませんか。流血はもうごめんです。

デイキンさんはわたしにもわかるように、終始ゆっくりと、しかし力強く語ってくれた。

『クワイ河の虜』（ミクール・ブルック著　小野木祥之訳）によれば、1941年12月8日、太平洋戦争が勃発した時、彼は歩兵第18師団の一員として、中東へ向かう輸送船の上にいた。21歳のまだそばかすの残る若者だった。ところが、日本軍の真珠湾急襲のニュースが入り、輸送船はケープタウンでシンガポールへと向きを変えた。

明けて1942年2月15日、シンガポール陥落。降伏のあと、戦災の後片付けに動員されて市内に出た際、海岸で中国人の男たちが集団虐殺されるのを目撃したという。

6月19日から連合国軍捕虜のタイへの移送が始まり、デイキンさんも有蓋貨車に5日間詰め込まれ、タイに到着。カンチャナブリやチュンカイで鉄道建設にあたった。

デイキンさんはこのインタビューの3年後、亡くなった。小野木祥之さんが主宰するピースサイクルで訪タイした日本の若者らと対話したり、1995年8月には戦後50周年を記念して、和解のしるしに永瀬さんらとともにクワイ河鉄橋を渡ったりした。1997年には来日を予定していた矢先のことだった。77歳だった。

スリー・パゴダ・パス

デイキンさんと感激の出会いをした翌2月20日。永瀬さんたち一行はタイ・ミャンマーの国境へと向かった。乗用車1台と幌付き乗り合い自動車1台に分乗して、国道323号をひたすら北西へ走る。乗用車を運転するのは、サラウッド・プラソプスクさん。かつて倉敷に短期留学した経験がある若者だ。永瀬さんのアパートに下宿して、工業高校に通っていた。彼の家はカンチャナブリの老舗ホテル・リバー・クワイ・ホテルの向かいで食堂と低料金のロッジを営んでいて、彼の姉のスワンナさんも倉敷留学組の一人だ。

カンチャナブリは、国境の山岳地帯の入り口に位置する。バンコクからずっと続く穀倉地帯が終わりを告げ、山が見え始めるとカンチャナブリはもうすぐだ。ここからは、辺りの風景は田園風景から次第にその姿を変え、ごつごつした岩肌や鬱蒼としたジャングルに覆われた山岳地帯を分け入っていくことになる。

アジアハイウェイの一部でもある323号線は片側1車線だが、道幅は広く、快適なドライブだ。泰緬鉄道のルートに沿って進むが、しかし、国境までは230kmもある。

それにしても、乾季だというのに、周囲のジャングルの緑は濃く、厚い。ここにほとんど人力で、しかも1年3ヵ月で415kmの鉄道を通したとは、とても思えない。

国境まであと70kmあまり、国道が右へ方向を変えると、道幅は次第に狭くなり、途中、ローギヤでないと上がれないようなとんでもない急勾配に何度か遭遇した。エンジンがうなりを上げて、右に左にカーブが続く。乗用車組はまだいいが、乗り合い自動車組は乗り心地が悪く、大変だ。

3時間半ほどで国境に近い町・サンカラブリに着いた。小さな食堂と、名産の黒サファイヤーなどを売る土産物屋がぽつりぽつりあるだけの静かな町だ。人影もまばらで、犬がのんびりと寝そべっている。ここで昼食をとる。いつものカオパット（焼き飯）にナマズのような川魚のから揚げやコイに似た魚の甘酢あんかけなどが出て、なかなか美味だ。永澤カメラマンは、その直前に立ち寄った魚市場で魚にいっぱいハエがたかっているのを見ていたので、あまり食欲が進まなかったようだが。

サンクラブリから国境まではほんのわずかな距離だ。20分ほどで道路が平坦となり、はためく国旗が見えてきた。このあたりは、1994年2月当時、まだ舗装されておらず、もうもうと土ぼこりが上がる。

スリー・パゴダ・パス（三仏塔峠）が国境の名称だ。その名の通り、高さ5mほどの小さな仏塔が3つ、鎮座している。標高は急峻な山々が続くテナセリウム山脈の中では215mと低く、それゆえ古代から交通の要衝であった。タイの歴史は、ビルマとの戦争の歴史だった。たびたび、この峠を越えてビルマ軍がタイへと攻め入った。そうした戦いの犠牲者を弔うためにこの仏塔が建立されたという。

最近でも、このあたりはミャンマー政府軍と独立を求めるモン族やカレン族との間でたびたび衝突が起きていると聞いていた。緊張が高まる。あまり露骨にミャンマー側にカメラを向けない方がいいだろう。

何か泰緬鉄道の痕跡はないかとキョロキョロしていると、あった。国

スリー・パゴダ・パス（三仏塔峠）

境のすぐ脇、ビルマ側にほんの数メートル入ったところに、線路が横たわっているのだ。あとでここに運んだものでオリジナルの位置ではないという説もあるが、当時の雰囲気を伝えている。国境の警備兵にちょっと警戒しながら、埃をかぶった線路をVTRにおさめる。

パゴダの脇では、小さな追悼行事が始まっていた。鉄道建設の犠牲者のみならず、ビルマで戦死した日本兵、ビルマから退却中にこの周辺で亡くなった日本兵など、すべての戦争犠牲者に線香を上げ、手を合わせる。

永瀬さんの妻の佳子さんは、10歳年上の兄の茂さんをビルマ・シッタン川の近くで亡くしている。倉敷に届いた白木の箱には、砂しか入っていなかった。

宮城県から一行に参加した佐藤永喜さんの父もビルマで戦死した。「いや、なんとも言えませんねえ。こんな遠くまで戦争に来て…。ちょうど終戦の年の6月30日に戦死の公報が入ったんですよ」としみじみと語った。

地獄の業火峠

1時間ほどで国境を後にする。この日は、鉄道の現在の終点・ナムトクに近いホテルに宿泊する予定だった。その前に、ついでと呼ぶにはあまりにも重々しい訪問地が控えていた。

廃線区間に残るヘルファイヤー・パスだ。

「地獄の業火峠」。夜間の突貫工事で工事現場を照らすカンテラの灯りがまるで地獄の業火のように見えたため、捕虜たちがこう名付けた。

カンチャナブリから国境方向へおよそ80km、現在の終点ナムトクからは北西およそ20kmのサイヨーク地区にその場所はある。

泰緬鉄道にはトンネルはなかったが、何ヵ所か切り通しを作る必要がある箇所があった。ここもその一つで、もっとも大規模な場所だ。別名「コンユーの切り通し」とか「ヒントクの切り通し」とも呼ばれている。およそ400mの切り通しを通すために、多くの捕虜たちが呻吟し、犠牲となった、代表的な難所だ。

国道から西に100mほど入ったところにあるヘルファイヤー・パスの入り口に着いた時には、すでに日が傾きつつあった。コンクリート製の階段が設けられていて、5分ほど下ると、古い線路跡が現れた。左右の岩山が不気味に迫る。軌道に残るバラストは妙に白っぽく、生々しい。踏み出した靴に触れると、カラカラと高い音を出す。朽ちた枕木が、一部は地面に深く食い込み、一部はごろごろと転がっている。かつての軌道の真ん中に、大きな木が立っていて、旺盛な生命力を誇示している。乾季のせいで、笹の葉が枯れていてカサカサと音をたてる。

永瀬さんがつえで岩肌を指した。

ヘルファイヤー・パスを行く永瀬さん夫妻

「穴がところどころに開いているでしょう。発破のために開けた穴の跡ですよ」

ここに投入された捕虜はまずオーストラリア人が400人。次いで600人のイギリス人とオーストラリア人が追加された。完成を急ぐべし、と号令がかかった1943年以降の「スピードゥ」時代に入ると、作業は苛烈を極めた。暗いうちから作業は始まり、深夜に及ぶこともたびたびだった。作業時間は最長で一日16時間から18時間にまで達したという。食事はわずかに2回。元鉄道隊員さえ「ブタも食わんような食事ですよ」というものだった。

発破の穴を開けるには鉄製のくいをハンマーで打ち込む。しかし、このくいがなまくらで、一度打ち込むと曲がってしまうような代物だった。

赤痢、熱帯性潰瘍、栄養不足による脚気、マラリア、デング熱…あらゆる悪病の巣窟のような悪条件の下で、作業は続いた。

戦後、連合国側は泰緬鉄道を「枕木1本に1人の死者」が出たと宣伝した。それはこのヘルファイヤー・パスに限っては、決して誇張ではなかったのである。

この区間を指揮したのは弘田栄治中尉。戦後BC級戦犯裁判で死刑判決を受け、シンガポールのチャンギ・プリズンで刑場の露と消えた。彼の遺書はただ命令に忠実だった自分が処刑される不条理を感じながらも、淡々と死を受け入れ、祖国の再興を祈念したもので、読む者の胸を打つ。

元捕虜の冷たい拒絶

花束を抱えた佳子さんと永瀬さんが並んで歩く。すると奥のほうに誰か先客がいるのに気づいた。永瀬さんの表情がこわばる。

目をこらすと、数人の西洋人の老人。すぐ右の崖の上に、テレビカメラも見える。

「あれは、イギリスじゃ。イギリスじゃろうが何だろうが、かまうもんか」

永瀬さんは佳子さんにそう強がったが、目には明らかに不安の色が見てとれる。

彼らは、元捕虜のイギリス人のグループだった。私が見たところ、4人いた。BBCの番組の取材で、ここを訪れていたのだった。永澤カメラマンが容赦なくカメラを向ける。ある人はカメラをまっすぐにらみつけている。別の人は「こんなところで日本人に会うとは」とでも言いたげな困惑した表情を浮かべ、ぷいと後ろを向いてしまった。もっとも強硬そうな表情の口ひげをたくわえた人は手をサッとななめ上に振り上げ、「撮るな」と指示した。その迫力は思わず、永澤カメラマンがカメラのフレームから彼をはずしたほどだった。

あとでわかったのだが、彼の名前はアーサー・レイン。日本に対してもっとも強硬な元捕虜のひとりで、何冊か泰緬鉄道に関する著作もある。

「彼らに話を聞きたい…」そう考えたが、足が前に出ない。言葉も出てこない。その時の緊張をどう表現すればいいのだろうか。再び、ブルック記者の描写を借りよう。

日本側には、この出会いは心胆を寒からしめるものだった。ディレクターの満田康弘は、わずか数メートル離れたところに立つ元捕虜らの冷たい視線にあって、息もできなかったという。「こちらを睨みつけ、突然その憎しみがわたしを締め付けてきた。息もできなかったよ」そういった。「永瀬が案内していて、出くわした。緊張はすごかった。レインの目は火のごとく怒り、拳を握りしめていた。本当に驚いたよ」石のような拒絶は、日本へのメッセージでもあるだろうと、ディレクターはいう。「残虐行為にたいする日本政府の謝罪を求めている元捕虜たちが、数人の元日本軍人の謝罪に聞く耳さえもたないとしたら、許しを追求する意味が何なのか、わかりづらいな」

ヘルファイヤー・パスの北西の端の岩肌には、オーストラリア政府がつくった銘板が取り付けられている。このわずか2ヵ月後の1994年4月には、オーストラリアのキーティング首相がここを訪れ、献花している。永瀬さんは軽く元捕虜たちに頭を下げると、背中に彼らの視線を感じながら、佳子さんとともに花束を捧げ、黙祷した。そして、さっときびすを返すと、その場を後にしたのである。

消えない元捕虜の怒り

こうした場合、取材者は1台しかないカメラをどこに据えて撮影すべきなのか。永澤カメラマンは、元捕虜に訊くことがあるだろう、と目で合図を送ってきた。だが、声にならない声で話しかけようとした途端、レイン氏がまた立ち去れとばかりに手を振り上げた。

『クワイ河の虜』の訳者あと書きで小野木祥之さんは次のように書いている。


ディレクターの満田康弘さんがアーサー・レイン氏のほうへ進み出て、何か弁明をいっていたが、怒れる白髪の老人はとりつく島もない。


小野木さんはこう記しているが、私はほとんど言葉を発することができなかったと思う。というより、記憶が飛んでしまっているのだ。

その間にも永瀬さん夫妻はどんどん現場を離れていく。情けない話だが、私はそのまま夫妻を追いかけるしかなかった。

真っ赤な夕陽がジャングルに沈もうとしていた。例の階段の手前で永瀬さんたちに追いつき、マイクを向ける。

佳子さんが涙目になって唇をふるわせながら話す。

「にこやかにしてくださったら、一緒にお参りさせてもらおうと思って、わたしはみなさんに頭を下げてあいさつしたのに、ぐっとにらみつけるようにして、『絶対許さないぞ』という仕草をされたのでびっくりしました」

　その言葉を引き継いで永瀬さんが言った。

「まあ、それが元捕虜の怨念だろうけどね。それよりも大事なことは、捕虜たちがどれほどの恨みを抱いて死んでいったのか、元捕虜や同世代の人たちが今でもどれほどの恨みを抱いて日本を見ているのか、多くの日本人は知らないということなんだ」

　私は、無理を承知で永瀬さんにもう少し彼らに歩み寄るような働きかけはできなかったのか、尋ねてみた。すると、永瀬さんはきっぱりと言った。

「こちらが頭を下げているのに、ああいう態度をとる人に対して、これ以上どうすることもできん。そうでしょう?」

「それでも、加害者としては謝り続けるしかないのではないでしょうか?」

　そんな言葉が喉元まで出かかった。しかし、考えてみれば、1976年に再会行事を計画した時から、永瀬さんは強硬な元捕虜たちの強い反発にさらされてきた。日本軍の非を認めなかったり、知らぬ顔を決め込んだりしている人たちも多い中で、永瀬さんはあえて矢面に立ち、それゆえ傷ついてきたとも言えるのだ。これ以上、どうしろと誰が言えるというのだろう。

「私があの人たちに言いたいのはね、『あなたたちはこのまま恨みを抱いたままあの世に行くんですか?』ということです。私ももうそれほど長くない。それよりきれいさっぱり、恨みを流して別の世界に旅立ったほうがいいと思うんですがね」
最後は、悲しげな表情だった。

2章　アジア人労務者

元アジア人労務者に会う

その夜はナムトクの近くのホテルに宿泊した。近くに元アジア人労務者が住んでいるというので案内してもらった。彼の名前はトムユーさん。マレー半島のコタバルの出身である。

永瀬さんが初めてトムユーさんと会ったのは1980年のことだ。1976年にクワイ河鉄橋の上で元捕虜と和解の再会をした際、永瀬さんは取材に来た外国人記者から「日本軍は東南アジア各地から25万人の労務者を泰緬鉄道に連行した。そのほとんどがまだ故国に帰っていない」と詰問されたという。

アジア人労務者こそ、最大の被害者ではないのか。そう考えた永瀬さんは、カンチャナブリ戦争墓地の管理人をしていたプラモート・リムトリクンさんに頼んで、現地に残留している労務者の消息を調べてもらった。

そして、4年後に7人の元労務者と会うことができた。このうちの1人がトムユーさんだ。コタバルは、タイ国境に近く、太平洋戦争の開戦時、真珠湾攻撃よりも早く日本軍が最初に上陸したことでも知られる場所だ。15歳の時、1戸あたり1人を泰緬鉄道建設労務に提供せよという日本軍の命令で、3000人の仲間とともに強制連行されたのだという。

日本軍は最初のうちこそ親切で面倒見がよかったが、奥地で仕事をするようになってから様子が変わってきた。ある時、彼が便意をもよおして木陰に行ったのを見咎めた日本兵が、その場で彼を裸にして木に縛りつけ、獰猛な赤蟻のたかっている木の枝で体をくすぐった。ふるさとを出て以来の親友が激しい労働と栄養不足で死んだ時、葬式はもちろん埋葬もされず、コメ袋に入れられてクワイ河に投げ込まれた。これを見てついに意を決し、連合軍の爆撃の混乱に乗じて脱走したのだという。一緒に逃げた数人は死亡し、ジャングルからナムトクの町に出てきた時は戦後10年も経っていた。

何度も国境まで歩いていったが、パスポートもお金もなく、引き返してきたという。

タイの女性と結婚し、今では奥さんと息子夫婦と2人の孫に囲まれて楽しそうに見えるトムユーさん。その彼が、恥ずかしそうな笑顔の裏に、そんな過去を背負っている。


ビルマ人作家リンヨン・ティッルウィンの『死の鉄路――泰緬鉄道ビルマ人労務者の記録』（田辺寿夫訳　毎日新聞社）は、アジア人労務者の側から泰緬鉄道建設工事をみたおそらく唯一の記録だ。同書によれば、日本軍が泰緬鉄道建設のためにビルマ各地から集めた労務者は17万人だという。彼らは「汗の兵隊」と呼ばれた。そして同氏は彼らの多数は自らの意思にまったく関係なく、強引に捕らえられてきた人たちだったと

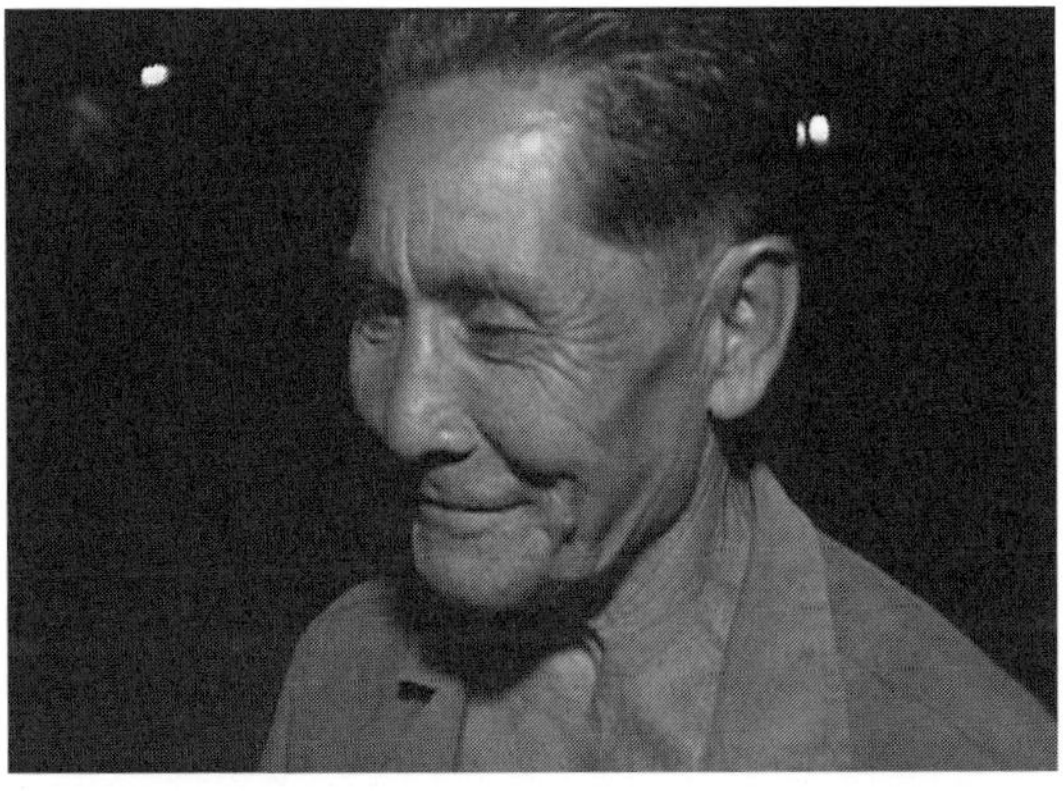

トムユーさん

指摘している。

一体、本当は何人のアジア人労務者が動員されたのか。正確な記録は残っていない。10万人とか25万人とか、35万人というものまである。死者となると、さらに不明だ。

故吉川利治大阪外語大学名誉教授の『泰緬鉄道――機密文書が明かすアジア太平洋戦争』(同文館)は泰緬鉄道の全貌をタイ側の機密文書を丹念に読み解くことから掘り起こした労作だ。

戦後、日本政府の俘虜関係中央調査委員会が東京裁判のために作成した資料によると、動員した労務者は約10万人、この3割の3万人が死亡したとしている。吉川教授は労務者の総数が約20万人だとすると、死亡率30%として約6万人が死亡したことになると推定している。これがかなり現実に近い数字ではないかと、私も思う。捕虜の死亡率は約20%(鉄道完成後、日本に送られる途中に輸送船が撃沈されて死亡した人や日本国内の収容所で死亡した人は除く)だったが、多くの鉄道隊関係者や元捕虜がアジア人労務者の衛生観念の乏しさを指摘していることから、死亡率3割というのはうなずける数字だからだ。ただ、吉川教授も指摘している通り、労務者には逃亡者が続出していたため、実際には死者は6万人より少なかったかもしれない。いずれにしても、当時母国の多くが植民地下で固有の政府を持たず、抵抗手段も持たなかった労務者の犠牲者数が正確に明らかになることはもはやないであろう。

声なき声

　その晩はなかなか寝つかれなかった。こちらをにらみつけていた元捕虜の顔が浮かんでは消えた。ヘルファイヤー・パスの岩肌に染みついている犠牲者の声が、語りかけてくるような気がした。天井を見つめて悶々としていると、同室の永澤カメラマンが妙なことを言い出した。書こうか書くまいか、ちょっとためらわれるが、書いてしまおう。

「きのうは黙ってたんやけどね、デイキンさんにインタビューしてた時、デイキンさんの横につばの広い帽子をかぶった兵隊が立ってたんですわ」

　彼は霊感が強い。以前、別の取材でハワイの真珠湾を私の先輩記者と訪れた時は、原因不明の呼吸困難に陥り、病院に担ぎ込まれた。前述したように、彼は元水泳選手で、肺活量が5000ccもあるような男だ。その時は現地の医師がさじを投げたほどで、一時は命が危ないとまで言われた。「水兵さんが見えた」と帰国後、彼は語っていた。

「それでね、デイキンさんから目を離してそっちの方を見ると、すーっと姿が消えよるんですわ。で、デイキンさんの方に視線を移すとまた出てきよる…」

「つばの広い帽子」というのはオーストラリア兵の特徴だ。余計眠れなくなった。

　それでも、こう考えることにした。きっと、自分の声を聞いてほしいのだ。無念さを伝えてほしいのだ。私だって永瀬さんと知り合うまで、泰緬鉄道のことなど知らなかったではないか。私の使命は、彼らの声なき声を伝えることではないか、と。

断崖絶壁の桟道橋

翌朝。私たちはまだ暗いうちにホテルを出た。この日は終点のナムトクから列車に乗ることになっていた。泰緬鉄道は戦後、イギリスがタイに150万バーツで売却した。その売却益は元捕虜に分配されたというが、「1ペンスももらっていない」と手記に書いている元捕虜もいる。一方、オランダには「イギリスが独り占めしたのはおかしい」と主張する元捕虜らもいた。クワイ河鉄橋の部品や一部の車両はオランダ領ジャワから運ばれてきたためだ。

タイ国鉄は国境の区間を廃止し、路盤や橋梁、線路を補強したうえで、順次運行を再開した。ナムトクまで開通したのは1957年。奇しくも映画「戦場にかける橋」が公開された年である。

タイ国鉄ナムトク線はバンコク・チャオプラヤ川西岸のバンコク・ノーイ駅（トンブリ駅）とナムトク間約210kmを結ぶ。基本的には平日は1日3往復、土日は4往復が運転されるが、ダイヤにない時間に臨時列車が現れて、撮影チャンスを待つ者をあわてさせたりする。ダイヤ表によれば、始発列車は5時25分にナムトクを出発する。カンチャナブリで待っていると、バンコクから30分~40分ぐらい遅れて来るのは珍しくないが、ここはさすがに始発駅、定刻通りに発車した。

辺りはまだ真っ暗だ。多くの窓が開け放してあり、入ってくる風が心地よい。カンチャナブリやその先の町まで学校に通うのだろう、制服姿の高校生の姿も多く見られる。オレンジ色の法衣をまとった僧侶や農作物を売りに行く人の姿も目立つ。

40分ほど走って、ちょうど夜が明け始めるころ、2つ目の駅・ターマカセに着く。ここからがナムトク線最大の見せ所・アルヒル桟道橋だ。ワンポーの木橋とも呼ばれる103キロ地点（泰緬鉄道の起点ノンプラドックから103㎞の意味）はクウェーノイ川の左岸にそそり立つ絶壁にへばりつくように線路が1㎞あまり続く。絶壁の下にコンクリートの基礎が打たれているのだが、そこから鉄と木を組んだ橋脚が頼りなく建てられていて、微妙なカーブと相まって列車は時速10㎞以下のデッドスローでおずおずと進む。レールがギシギシといやな音をたてる。観光客は大喜びで窓から首を出して写真を撮るが、スリル満点だ。

カメラマンも腕の見せ所だ。開け放しのドアから身を乗り出して、カメラをレールの高さギリギリまで下ろす。助手がつかむ腰のベルトが命綱だ。後からＶＴＲを再生してみると、車輪から火花が上がっているのがはっきりと映っていた。ただ、この迫力満点のカットだけではテレビ

泰緬鉄道の難所
アルヒル桟道橋

の映像は成立しない。さっと立ち上がって川の対岸を撮影したり、列車が蛇行する様子を表現するため、ドアから半身を乗り出して窓と車体を中心に撮影したりとあわただしく動き回る。

この地方は地震がないというが、いくら戦後補強したとは言え、仮にちょっと大きな地震でもあればその瞬間アウトだろう。いかに無理を重ねて鉄道を建設したか、いやでも理解できる象徴的な場所だ。

アルヒル桟道橋を抜けて、列車はまた軽快に走り始めた。サトウキビ畑やパパイヤ畑などのんびりとした風景が続く。泰緬鉄道は、生きている。大きな犠牲を払ったが、こうして沿線住民の足として役立っている。それがせめての慰めだ。

元米軍パイロットと会う

元連合国軍人との出会いはまだ続きがあった。この日の夜、私たちはバンコクへ戻った。ホテルに着くと、バンコク・ポストのブルック記者から連絡が入っていた。あのクワイ河鉄橋を爆撃した元アメリカ軍のパイロットが永瀬さんたちに会いたがっているというのである。

バンコク中心部の高級ホテルのロビーに着くと、2人の男性が待っていた。元アメリカ空軍中尉のウィリアム・ヘンダーソンさんと同僚のレイ・ハンソンさんだ。

ホテルの広報担当者がやってきて、屋上に案内される。テレビカメラを見て、パブリシティになると判断したらしい。少々場違いだが、カクテルが似合いそうなプールサイドで日米元軍人の対話が始まった。アルミの丸いテーブルを囲んで、永瀬さん、ヘンダーソンさん、ハンソンさんが座る。

カンチャナブリのJEATH戦争博物館にも展示されている、B24リベレーターが橋を爆撃する写真。1944年4月、ヘンダーソンさんが爆撃手を務めるB24がまさにこの写真の通り、鉄橋の下流にある予備の木製の橋に爆弾を命中させたのだという。この写真は実によく撮れていて、爆弾が橋に命中し、木材が四方八方に飛び散る瞬間をとらえている。

「50年後、こうしてお会いできたのも運命でしょう」永瀬さんが口火を切る。

「鉄橋と木橋、両方とも破壊せよ、というのが至上命令でした」

ヘンダーソンさんが語り始める。

「鉄道で物資を輸送できなくなれば、日本軍にとっては大打撃ですからね」

「困難な任務でしたか?」と永瀬さん。

「そりゃあもう…2000フィートの上空から、幅わずか1mの線路を狙うのですから」

ヘンダーソンさんらと語り合う

ヘンダーソンさんによれば、この少し前、別の爆撃機が投下した爆弾が鉄橋に命中したが、木橋は無傷のままだった。そこで4月2日、再び攻撃命令が下り、インドの基地を飛び立った。

「何発目が命中したのですか？」

「3発投下して最初の1発。ファースト・ワンですよ」

いかにもアメリカ人という（南部なまりらしい）巻き舌でヘンダーソンさんは快活に話す。ハンソンさんはほとんど聞き役だ。

「ところが、日本軍の対空砲火が命中して…操縦装置と無線機をやられてしまった。脱出も覚悟しましたが、なんとか体勢を立て直して、ビルマの海岸に不時着したのです」

場所をレストランに移して一緒に食事をすることになった。鉄道隊の元軍曹・鈴木重郎さんや兵站部隊の獣医だった石原忠雄元中尉も加わった。

ヘンダーソンさんは自分の著書を取り出し、ずっと疑問に思っていた質問を投げかけた。それは、今日では日本人でさえ、うまく理解できないこんな疑問だ。

「捕虜になることほど、不名誉なことはなかった」

「ＹＥＳ」と石原さんと鈴木さん。

「天皇陛下のために死ぬことが一番の名誉だった」

今度も石原さんが「YES」と答え、「そう教えられていたんだ」と付け加えた。ヘンダーソンさんはまるで聖書でも読み上げるかのような神妙な表情で続ける。

「しかし、今、時代は変わった」

「私たちは、お互い、平和のために共に生きようではないか」

あとでブルック記者に打ち明けたところによると、ヘンダーソンさんは元日本軍人に会うのにはちょっとためらいがあったらしい。しかし、この日の出会いは双方にとって満足すべきものとなった。楽しい語らいが夜遅くまで続いたのである。

再びタイへ

2月に永瀬さんの82回目のタイ訪問に同行してから3ヵ月。再び、私は永瀬さんと共にタイに向かうことになった。永瀬さんの活動の2本柱は、1つは元捕虜との和解活動、もう1つはタイでの福祉活動である。永瀬さんがタイの留学生を自宅に受け入れるようになったのは、戦後初めてタイに巡礼に訪れた翌年の1965年のことだ。岡山県医師会の協力で、看護師を志望する学生を招いたのが最初だ。時代は移り1986年、永瀬さんは著書や訳書の印税をもとに「クワイ河平和基金」を設立した。現地で元留学生らが尽力したおかげで、1994年に看護学生3人に奨学金を授与する手はずが整った。そこで、奨学金授与式の模様を取材することになったのだ。

永瀬さんの「タイへの恩返し」は、なぜ始まったのか。労務者として多数のタイ人が泰緬鉄道建設に動員され、犠牲になったことのほかに、もう1つ、大きなきっかけとなる出来事があった。

1946年7月、永瀬さんはタイを離れ、引揚船で帰国の途についた。タイから日本に復員した日本兵は、ビルマ方面から撤退してきた人たちも含めて12万人に膨れ上がっていた。バンコク・クロントイの埠頭から乗船する直前、日本兵一人ひとりに飯盒いっぱいの米と中蓋一杯のザラメ砂糖が支給された。ザラメは当時は貴重品である。船が出港すると、永瀬さんはその米を船のデッキで食べた。本当においしかったという。

乗船前、永瀬さんが以前からお世話になっていた永井少佐が永瀬さんを呼び出して言った。永井少佐は三木内閣で文部大臣を務めた永井道雄氏の兄だったという。

「この米とザラメは、タイ政府が支給してくれたものだ。今、祖国は食糧不足だという。そのために施してくださった温情だ。君、この恩を忘れてはいけないぞ」

タイと日本は太平洋戦争勃発直後、友好協定を結んでいた。その後、巧みな外交で連合国との関係も保ったのだが、戦後間もない時期にこうした措置をとることは決して容易ではなかったに違いない。

タイから留学生を受け入れ始める（1965年）

アメリカのリバティーシップと呼ばれる引き揚げ船が埠頭を離れる時だった。船が岸壁から10mほど離れた時、数人のイギリス人将校らが船めがけてばらばらと駆け寄って来るのが見えた。バンコクの終戦処理司令部で共に仕事をした顔見知りの人たちだった。

「とうとうばれたか…」

もはやこれまで、と永瀬さんは観念した。例のカンチャナブリ憲兵分隊で捕虜の拷問に関わったことがついに発覚し、自分を戦犯として逮捕しに来たのだ、と。ところが…

「ゴクロウサンデシタ」「アリガトウ」

彼らが口々に片言の日本語で叫んでいたのは、感謝の言葉だった。1年近く、通訳として仕事をしてくれた永瀬さんにお別れを言うために、わざわざ見送りに駆けつけて来てくれたのだった。

復員後しばらくして、永瀬さんは岡山駅で顔見知りの元兵士と偶然顔を合わせ、永井少佐が復員するすべての日本兵を見届けたあと、乗り込んだ最後の引き揚げ船から行方不明になったことを知った。入水自殺を図ったのだと、すぐに気づいた。

尊敬していた永井少佐が残した遺言。そして、「自分は運よく助かった」という負い目のような気持ち。永瀬さんが戦後ずっと背負うことになるあまりに重いくびきだった。

大量の遺骨

1994年5月17日、永瀬さんは83回目のタイ訪問に出発した。その翌日、奨学生の選定にあたったカンチャナブリ県知事夫人を訪ねると、夫人は地元の新聞を私たちに示した。「これは何だろう?」と思いながら1面に掲載された写真付きの記事に視線を走らせる。なんとそれは、ほんの1週間前、市内で大量の人骨が掘り出されたことを伝えるものだった。早速、県庁にほど近い現場に案内してもらう。

現場に着くと、確かにたて20m、横50mほどの空き地を掘り返したような跡がある。永瀬さんによると、この辺りにはアジア人労務者の宿舎があったという。この場所では、すぐ近くで90年にも大量の遺骨が見つかったことがある。地元紙は900体と伝えた。

連絡を受けて、発掘に携わったという50歳前後の男性がやってきた。

「頭のないものが100体、頭のあるものが57体ありました。ここを掘ってくれ、と夢で呼ぶ声がしたのです」と話す。

「コレラが激しかったから、伝染するのを恐れてたくさんの人をまとめて焼いたんじゃ。中には、焼こうとしたら動いたために『あっ、生きとる、生きとる』と引っ張り出された人もおる」と永瀬さんは話す。

4年前には、親が子どもを守るような格好で見つかった遺骨もあったという。家族を連れて建設工事に出稼ぎに来た人たちも少なからずいたのだ。

永瀬さんは注意深く地面をのぞき込みながら歩き始めた。そして、「あっ」と声を上げて何かを拾い上げた。手には小さな骨があった。

「骨じゃ。お骨じゃ。これをあそこへ持っていってあげよう」


掘り出された遺骨は、保養地として知られるパタヤにある華僑系の寺院が引き取っていた。偶然にもクワイ河平和基金の事務局長で、元留学生のスワンナ・スパチャイソーンさんはパタヤでホテルを経営している上、彼女の父親が中国から移住してきた華僑だったことから、この寺をよく知っているという。

明満善壇というその寺院は、パタヤの町の北のはずれにあった。スワンナさんは白装束で永瀬さんを寺に案内し、寺の理事チン・チャオキーさんを紹介してくれた。この寺は無縁仏を供養する慈善事業をしていて、交通事故などの犠牲者も引き受けているが、圧倒的に多いのは泰緬鉄道で亡くなったアジア人労務者の遺骨だという。

寺の一角にある納骨堂で大量の遺骨と対面した。その時の気持ちはちょっと言い表すことができない。遺骨は頭の部分と肋骨、手足という風にかためて安置されている。いったい何柱あるのか、数え切れない。よくみると1匹のゴキブリが頭蓋骨のひとつの上を這っていた。

永瀬さんは目をきつく閉じて頭を垂れ、体をわなわなと震わせていた。別の理事の男性が、発掘の模様を撮影した写真を何枚か見せてくれた。ある頭蓋骨には、埋葬の際できたのか、発掘の際できたのか定かではないか、ぽっかりと穴が開いていた。

　涙目の永瀬さんは絞り出すような声でスワンナさんに頼んだ。

「この人たち（寺の理事）に言ってください。あなたたちはえらい。日本人ができないことをやってくれる。ありがとうございますと」

　チンさんは厳しい顔で私にこう言った。

「日本の人もここに来て手を合わせて祈ってください。そうすればかつて日本人がどんなことをしたかわかるでしょう」

　お祈りの時間が来て、少女達がご詠歌のような曲を吟じ始めた。線香の煙が濃い青空に立ち上っていった。

ブーンタムさん

　2月の訪問時にマレー出身の元労務者・トムユーさんの元を訪ねた。もう少し奥地に別の元労務者が3人暮らしているというので、奨学金授与式の前日、訪ねることにした。

　サラウッド青年の運転でナムトクからさらに進み、国道を右に折れて田舎道を行く。あたりはジャングルではないが、畑のところどころに潅木が生い茂る農村風景。サラウッドさん

アジア人労務者の遺骨

は以前も訪ねたことがあるそうだが、何度か道を間違え、その度に道を尋ねてようやくたどり着いた。空き地に車を止め、未舗装の細い道を歩いていく。空き地から200mほど歩くと、たて7、8m、横5mほどの掘っ立て小屋があった。

「おーい」と永瀬さんが呼びかける。中から、短パンひとつ、腰がやや曲がった小柄な男性がひとり現れた。「元気だった?」2人はしっかり抱き合い、肩をたたき合う。

ブーンタム・ワンディーさん。当時67歳。ジャワ出身の彼は、オランダ軍の現地兵だった。吉川利治名誉教授の『泰緬鉄道』によると、イギリス・オーストラリア兵に続いて、ジャワ方面で捕虜になったオランダ兵やアメリカ兵がタイに送り込まれてきたのは、1943年の2月から3月だというから、ブーンタムさんもこの時期にタイにやってきたのだろう。

インドネシアには「ロームシャ」という言葉が今も残っている。1973年ごろ、日本軍に動員された労務者を主人公にした「ロームシャ」というタイトルの映画が作られたが、結局上映はされなかったという。当時日本の経済進出に対して東南アジア各地で反日暴動が起きていたことを憂慮して日本の政府筋や財界が圧力をかけて上映中止にしたという説もある。東京在住の映像制作者・藤野知明さんがこの映画のプロデューサーや監督を訪ね歩いた経過をまとめたビデオ作品を送ってくれたことがある。関係者の口は今でも固いようだ。

ブーンタムさんの暮らしぶりは、お世辞にも豊かとは言えない様子であった。粗末な食器にはボウフラがわいている。かごに入った青いマンゴーを持ってきてすすめてくれる。これを売って生計をたてているようだ。

同じジャワ出身の仲間2人と暮らしていたはずだが、姿が見えない。

「あなた、友だちはどうした？」永瀬さんが尋ねた。

「死にました」

「えっ、いつ？」

「メンさんは2ヵ月前、サーさんは半年前」

ブーンタムさんより2つ年上のメンワンディーさんとソムサーさんは、私たちが訪ねる直前に相次いで亡くなっていた。

メンワンディーさんの息子が近所に住んでいて、お墓に案内してくれた。塔状の墓（パゴダ）の先端が折れ曲がっていて、物悲しい。佳子さんが線香を上げ、夫妻は手を合わせた。

お土産のインスタントラーメン2箱を永瀬さんから受け取ると、ブーンタムさんはとぼとぼと家に帰っていった。

「たったひとりになっちゃったね」

永瀬さんは悔しそうに右手に持っていた帽子を左手に叩きつけた。

「こういうことを我々の世代は平気でしているんだ。あと片付けもせず、ほっちらかして」

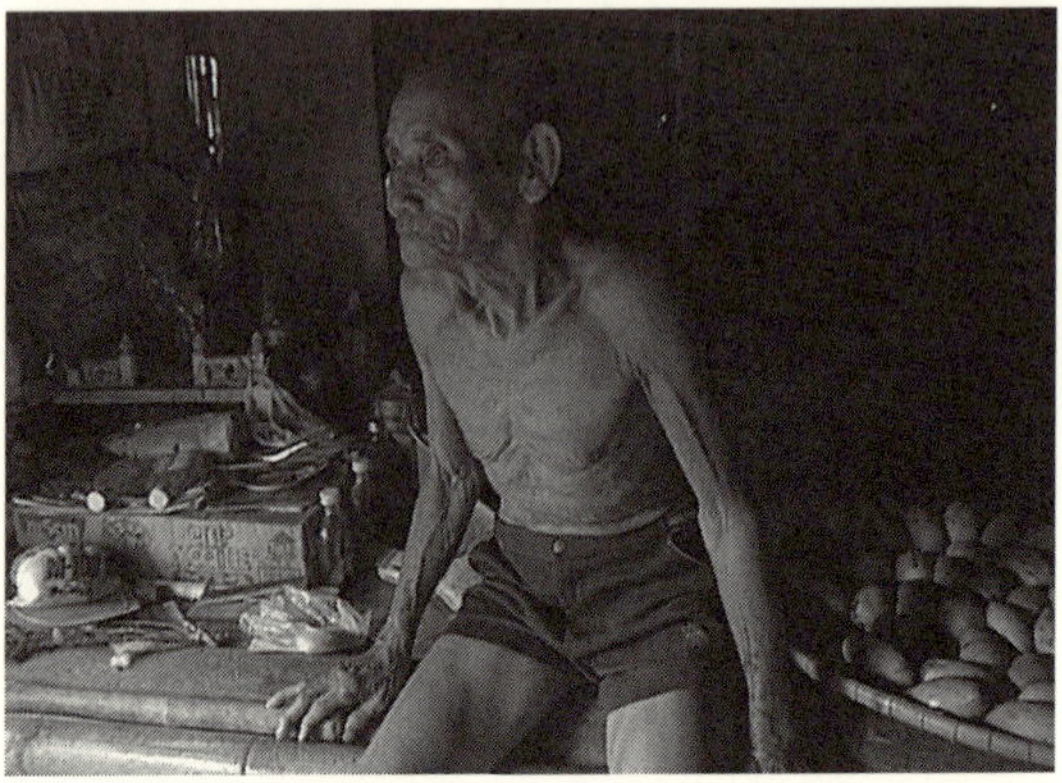
インドネシア人元労務者ブーンタムさん

この話には後日談がある。これから1年あまりのち、戦後50周年の1995年7月。ブーンタムさんは故郷ジャワ島ジョグジャカルタ郊外のバンタルワール村に52年ぶりの帰国を果たした。

パスポートやビザの取得などに永瀬さんやタイの元留学生が奔走した結果だった。残念ながら帰国には同行取材できなかったが、村では親戚などが大歓迎して彼を迎えた。また、ブーンタムさんの許婚の女性が健在で、結婚せずに彼の帰りを待っていた。

なかなかの哲学者だ、というのが永瀬さんのブーンタムさん評だ。タイの村を離れる際、メディアの「52年ぶりに帰国する感想は？」との質問にブーンタムさんはこう語ったという。

「新しい人生を始めるのに、遅すぎることはない」

飯ごう一杯の恩義――看護学生に奨学金を

授与式を前に、県知事夫人の案内で、奨学金を受ける生徒の1人を訪ねた。カンチャナブリ市内の長屋にその生徒は母親と2人で暮らしていた。高校3年生のハタイカン・ティアパイブーンさん。父を5歳の時に亡くし、母親がメイドなどをして家計を支えていた。成績は優秀だが、経済的な理由で進学はあきらめようとしていた。

「小さい頃から看護師になるのが夢でした。奨学金を受けられてうれしいです」

彼女はニコニコして言った。

「1人暮らしはちょっと心配ですけど」とはお母さん。

授与式の朝がやってきた。カンチャナブリ県の保健局が会場だ。正面に「ようこそ永瀬隆さん」と英語の看板。永瀬さんはストライプのシャツにネクタイを締めながら、おどけて言った。

「あの子らが看護婦になるのを見届けたいけど、4年後には（タイの看護大学は4年制）80歳になるから、ちょっと無理かな」

司会を務めるのはワット・チャイチュンポーン寺院のトムソン師。1986年、永瀬さんがタイ式仏教の修行をした寺の若き僧だ。留学経験があり、英語が堪能だ。

地元テレビ局や新聞社も多数取材にかけつけ、この2年前、カンチャナブリの名誉県民になっていた永瀬さんのあいさつに注目する。

「ずっと、タイの人たちにお礼が言いたかったのです。我々12万人の日本兵が日本への引き揚げ船に乗る時、タイ政府は一人ひとりに米と砂糖を支給してくれました」

永瀬さんが英語でスピーチし、トムソン師がタイ語に翻訳する。

「その頃、日本には食べる米がないということを心配して支給してくれたのです。私たちは船の上でそれを食べましたが、とてもおいしかったです。そのご親切を忘れたことは、この50年間、一度もありません。そのご恩に比べれば、私がわずかばかりのお金を贈ることなど、取るに足らないことです」

永瀬さんの目には光るものがあった。

この年、奨学金を受けたのは、ハタイカンさんら3人。永瀬さんが一人ずつ、奨学金の目録を手渡す。奨学金は一人1万7千バーツ。当時のレートで約7万円だった。これで1年間の授業料や寄宿舎代がまかなえるという。

彼女たちが入学するのは、隣のラチャブリ県にある国立の看護大学。永瀬さん夫妻や彼女たちと訪ね、特別に中を見学させてもらった。

京都大学に留学したという女性の副学長が案内してくれる。広々としたキャンパスに白と青のツートンカラーの制服を着た学生たちが談笑しながら歩いている。大きな吹き抜けのある4階建ての校舎は1階が教室や実験室、2階から上が寄宿舎になっていた。2人部屋で、先輩と同室になる決まりだ。人体標本などをちょっとこわごわ見つめる彼女たちの瞳は新生活への希望に輝いていた。

善意のメガネ

6年が経ち、2000年になった。3月のある日、突然、永瀬さんから電話が入った。

「例の移動診療でなあ、メガネがいるんじゃ。何か協力してくれん

第1期奨学生とともに

か?」

クワイ河平和基金は、1997年、カンチャナブリ県で移動診療事業をスタートさせていた。月に2度、医師や看護師を乗せた移動診療車が無医村を訪ねる。その移動診療で、貧しい人たちの間からメガネがほしいという要望が上がっているという。

「それなら、テレビで呼びかけてみましょう」

「おお、それは助かるなあ」

こうして、「タイにメガネを贈るキャンペーン」が始まった。永瀬さんに夕方のニュース番組に出演してもらい、不用なメガネの提供を呼びかけたところ、岡山・香川両県の視聴者から瞬く間に2000個以上のメガネが寄せられた。一度に100個以上も送ってくださった人もいた。

この善意を届けなければ…。6年ぶりのタイ取材が実現した。

2000年6月12日、永瀬さん夫妻とタイに向けて出発した。永瀬さんにとっては105回目のタイ訪問である。私の相棒は山田寛カメラマンに代わっていた。

白骨街道

今回の訪問の大きな目的はほかに2つあった。1つは、タイ—ミャンマー間の国境地帯で亡くなった日本兵の霊を慰めるため、北部のメーホンソン県を訪ねること。もう1つは、恒例になったクワイ河平和基金による奨学金の贈呈式である。
1つ目については補足説明が必要だろう。2000年2月25日、西日本新聞に以下のような記事が掲載された。(一部抜粋)

日本兵　29ヵ所に埋葬　タイ当局が調査報告書

タイ北部のメーホンソン県当局とタイ政府芸術局は、第二次世界大戦のインパール作戦から撤退した旧日本兵の調査報告書「日本兵埋葬所保全計画」をまとめた。ビルマ(現ミャンマー)と国境を接する同県内に日本軍の宿泊所46ヵ所と遺体埋葬所29ヵ所があったことが、戦後55年ぶりに明らかになるとともに、タイ北部で「多数の日本兵が埋葬された」ことが確認された。

調査に資金を援助したのは、慧燈財団(佐賀県基山町)。メーホンソン県のクンユアム警察署長・チャチャイ・チョムタワットさんが中心になって調査した。財団の理事長で僧侶の調寛雅さんは、1989年にチェンマイを訪れた際、現地の人に「日本人はなぜタイで亡くなった日本兵の遺骨を放置しておくのか」と詰問されたのをきっかけに、遺骨収集を始めた。調さんは2万人もの遺骨をチェンマイ郊外に建立した慰霊碑に埋葬していた。

公式には、厚生省（当時）はタイ・マレーシア・シンガポールで死亡した日本兵は2万1000人で、このうち2万170柱が収集されたとしていた。激しい戦闘がなかったタイでは、ビルマに比べて戦没者が少ないとされていたのだ。

しかし実際には、インパール作戦で敗れた日本軍はちりぢりになって退却し、かなりの数がタイに入ってから死亡していたのだ。

厚生省は1977年度にメーホンソン県を中心に大掛かりな遺骨収集を2回にわたって行い、1867柱を収集した。その後は、タイに残った元日本兵が収集し、保管している遺骨を散発的に受領していたが、まだまだ多くの遺骨が「国境の死角」に残されている可能性が出てきたのだ。厚生省は22年ぶりに遺骨収集を行うこととなった。

ビルマ方面からの退却路は「白骨街道」と呼ばれた。食料もなく、道中で行き倒れになった日本兵の遺骨が延々と残されていたからだ。

ビルマ方面への補給路として建設された泰緬鉄道も、戦争末期には日本兵の退却路と化していた。元捕虜もその様子を以下のように書き記している。

彼らは、ビルマでの戦闘にもはや役立たなくなり、鉄道列車に積み込まれてバンコクへ戻される途中の傷病兵たちであった。（中略）途中で死んだならばジャングルの中へ放り捨てられたのである。（中略）

彼らの状態は見るに堪えかねた。誰もが愕然として息をのんだ。私はそれまで、いや、いまもって、あれほど汚い人間の姿を見たことがない。戦闘服には、泥、血、大便などが固まってこびりついていた。痛々しい傷口は化膿し、全体が膿で覆われて膿の中からは無数のうじが這い出ていた。（中略）

私たちは日本兵が俘虜に対して残酷であることを体験してきた。それが何ゆえにであるかということをいまはっきりと見てとった。日本軍は自軍の兵士に対してもこのように残酷なのである。まったく一片の思い遣りすら持たない軍隊なのである。それならば、どうして私たち俘虜への配慮など持ち得ようか。

『死の谷をすぎて――クワイ河収容所』Ｅ・ゴードン著　斉藤和明訳　新地書房

私はインパール作戦から退却した2人の元軍人に話を聞くことができた。一人は岡山市の元岡山県職員・小田敦巳さんである。小田さんは自らの体験を『一兵士の戦争体験』という分厚い本にまとめ、各地で講演活動を続けている。

もう一人は倉敷市の橋田穂波さんだ。橋田さんは元毎日新聞の記者で、粋な着流し姿でタバコをくゆらせながら、当時の様子を語ってくれた。

「何日歩きましたかねえ…。私の場合で1ヵ月は歩いているかもしれませんね。とにかく兵隊はみんな靴が壊れて裸足。そうすると足がだめになる、食料はない、マラリアが来る。生きる望みがなくなって、谷に入ってドン！（手りゅう弾で自決）ですわ」

藤原彰・一橋大学名誉教授の『餓死した英霊たち』（青木書店）によれば、アジア太平洋戦争で戦死した約230万人の日本軍人・軍属のうち約6割の140万人の死因は戦闘による狭義の「戦死」ではなく、栄養失調による病気や飢え、つまり、餓死だった。ビルマで、ガダルカナルで、ニューギニアで、フィリピンで、日本兵は飢餓地獄の中で死んでいったのである。その背景には、軍上層部が机上で生み出した補給軽視の無謀な作戦があった。

もちろん、永瀬さんもビルマ方面から退却してくる友軍の悲惨な状況を目撃している。先のゴードンさんと永瀬さんの見解は一致している。つまり、味方にさえ非人間的な扱いをする日本軍が、捕虜に対して冷酷な扱いを強いたのは同根であるということだ。

そこで、無念の思いを胸に死んでいった日本兵のために、慰霊のためのお堂をメーホンソン県に建立することにした。また、敗走してきた日本兵を手厚く介抱したり、埋葬してくれたりしたタイの人たちの恩義に報いるために、現地の子どもたちに奨学金を贈ることにしたのである。

なつかしい顔

このメーホンソンの遺骨問題については次章で記すことにして、ここでは奨学金授与式と移動診療について報告しておこう。

1994年から始まったカンチャナブリでの奨学金贈呈は、7年目を迎えていた。6月16日、授与式の会場のホテルに着くと、受付に見覚えのある顔があった。あの第一期生の奨学生、ハタイカン・ティアパイブーンさんだった。白衣姿だ。第二期生ワッチャラポーン・ヌードゥーさんも並んで座っていた。あれから6年、看護師になっていたのだ。そして、奨学金授与式を義理堅く手伝いに来てくれている。

感激した私は、思わず「私を覚えていますか?」と話しかけてしまった。

さらに驚いたのは、奨学生の数だ。なんと48人に増えていた。12人の看護学生のほか、教育大生から小学生まで対象も広がっている。奨学金の総額は30万バーツ。永瀬さんによると、テレビやラジオで永瀬さんの活動を知った人の中から、大口の寄付を寄せてくれた人がいた。その上、平均で年7%以上というタイの預金利率でこれほどの拡大が可能になったのだという。

ハタイカンさんとワッチャラポーンさんが勤めているのは、カンチャナブリ市内の国立病院だった。7階建ての大きな病院で、彼女たちが勤務に戻るのに合わせて訪ねてみた。

透析患者などが入院している病棟で、2人は働いていた。婦長に聞く

奨学金授与式
(2000年)

と、「2人ともしっかりしているので、助かっています」とのこと。

「永瀬さんのおかげで看護師になることができました」

こう話す2人の表情は充実感にあふれていた。

ハタイカンさんは、なんと市内にお母さんのために家も建てたという。

永瀬さん夫妻もそれを聞いて大喜びで、一緒に訪ねてみた。その家は市内中心部からクワイ河を渡った対岸の郊外にあり、白い瀟洒な平屋。リビングルームにベッドルームが3つ。それぞれお母さんとお兄さん、ハタイカンさん用だ。値段は50万バーツ（当時のレートで約150万円）。警察官をしているお兄さんとお金を出し合った。

「ええ家が建った」

永瀬さんも佳子さんも「タイの娘」の成長ぶりに目を細めていた。

盛況の移動診療

移動診療は1997年にカンチャナブリ県選出の国会議員ソンチャイ・モントリワット元官房副長官にクワイ河平和基金が協力して始まった。月に2回、医師や看護師が無医村を巡回する。18日、私たちがまず向かったのは、カンチャナブリから奥地へ100kmほど、リンテン地区のロンプラウ中高学校だ。一行が到着すると、学校の集会所

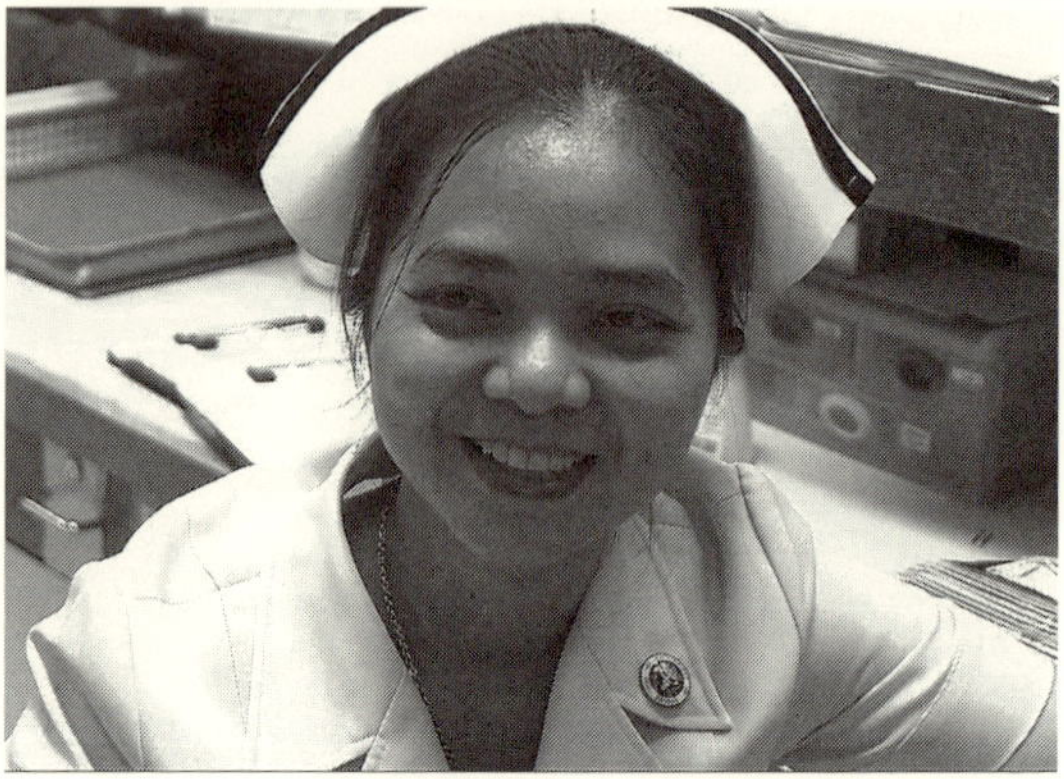

奨学生の第一期生・
ハタイカンさん

はすでにたくさんの人であふれていた。通常、移動診療に訪れる人は1ヵ所300人程度だそうだが、その5倍、1500人もの人が待っていた。目の悪い人にメガネを配布するという前宣伝が効いたらしい。

校長によればこの学校の生徒数は500人で、その10％がメガネを必要としているという。その全員が来ているとしても50人だから、集まっているほとんどはこの地区の一般住民ということになる。

永瀬さんがあいさつをする。いつもの「コメと砂糖」の話だ。集まった人たちは気もそぞろという趣で、自分の順番を今か今かと待っている。

聴診器を首にかけ、血圧を測定しているのはワッチャラポーンさんだ。ハタイカンさんはレンズの度数を測定する器械を覗き込んでは、レンズに度数を書いたシールを貼り付けている。この日は土曜日。非番の2人は移動診療をボランティアで手伝いにきたのだ。ハタイカンさんの傍らでは、女性医師が診察のうえ、その人に合ったメガネを選び出す。受け取った人は老眼の人は自分の手のひらをかざし、近視の人は遠くを見つめて、納得顔だ。

「よく見えます」と初老の男性。

「メガネを以前買ったことはあるんですが、自分で適当に選んだのでよく見えませんでした。きょうはお医者さんが測ってくれたので、ちょうどいいです」とうれしそうだ。

ちょっとメガネをかけてみてもらえませんか、と頼むと男性は「似合いますか」と言って笑った。

　高校2年生の女子生徒は、黒板の文字が見えにくくて困っていたと言う。

「眼科には行ったんですが、まだお金がなくてメガネは買えませんでした。よく見えるようになってうれしいです」ともらったばかりのメガネを大切そうにケースにしまい込んだ。

　永瀬さんは、「移動診療を始めて3年になるけど、こんなにたくさん来てくれたのは初めて。メガネを提供してくれた皆さんに感謝します。何よりうれしかったのは、あの看護婦たちが手伝ってくれて…。盆と正月がいっぺんに来たみたい」

　余談だが、帰国してこの模様をニュースで放送すると、局に電話があった。「本人にぴったりと合っていない中古のメガネを渡すのはいかがなものか。ちゃんとした医師が診断しているのか」と。この手の苦情は時々寄せられる。カンボジアでの医療ボランティアを紹介した時もあった。

　確かに、この人の言い分は一理ある。いくら2000個、3000個のメガネが集まったからといって、その人に本当に合うメガネを探し出すのは至難の業だろう。ただ…。

「それなら、あなたが現地へ行ってメガネを作ってあげたらいかがですか?」

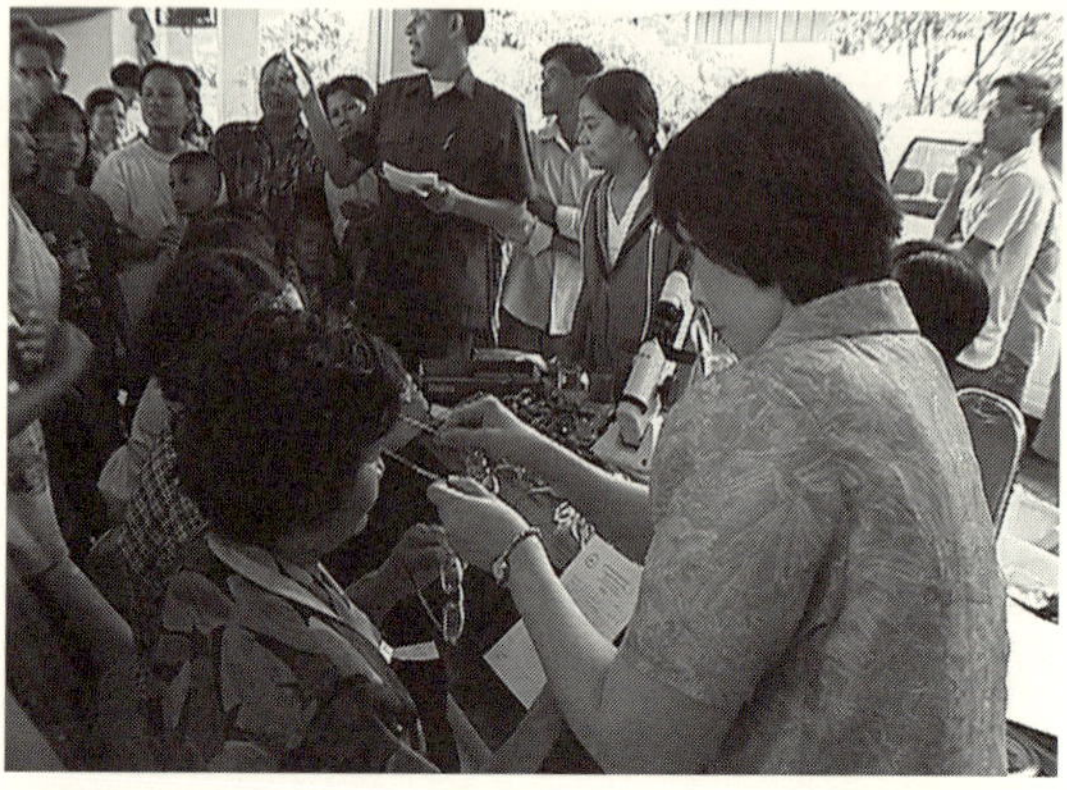

移動診療でメガネを贈る

そんな言葉が喉元まで出かかってしまう。

続いて私たちはカンチャナブリ方面へ40㎞ほど戻り、ナムトク地区の寺院へ向かった。こちらは内科医による診断や投薬が中心だ。こちらも広い寺の講堂は人でいっぱいだ。

2歳の男の子を抱いた母親に話を聞く。

―どうしましたか？

「熱があるので連れてきました。医者に見せるのはこれが初めてです」

―病院が近くにあればと思いますか？

「そう思います」

―どんなことが心配ですか？

「雨季で雨がよく降るので、それがいろいろな病気の原因になります」

この地区の診察を担当していたモラリダ医師によると、人口70万人のカンチャナブリ県に総合病院は2ヵ所。それに保健所が2ヵ所ある。病気で多いのはマラリアで、特に雨季には蚊が発生しやすいのだという。永瀬さんもマラリアには苦しめられた。しかし、当時猖獗を極めたコレラや赤痢は近年大流行してはいないようだ。それでも、四国ほどの広さがある県にしては、医療体制は充実しているとは言えまい。

メガネを受け取って
うれしそう

この日、結局500個のメガネがタイの人たちに手渡された。

デイキンさんをしのぶ

次の日、永瀬さん夫妻はカンチャナブリ市内にあるもうひとつの戦争墓地、チュンカイ共同墓地を訪ねた。クワイ河の右岸に静かなたたずまいを見せるチュンカイ墓地はカンチャナブリ戦争墓地に比べると規模は小さいが、1750人が埋葬されている。近くにあるチュンカイの切り通しは、鉄道建設序盤の難所で、建設を指揮した小隊長・樽本重治中尉が戦犯として訴追されることとなった。

チュンカイ墓地に入ると、永瀬さんは十字架の前で一心に祈ったあと、正面に向かって左側にある大木のところに歩いて行き、その根元を指差した。そこには赤い小さな花が2つと、清涼飲料水の空き瓶が置かれていた。

「これがデイキンの墓なんじゃ」

永瀬さんを「握手したい唯一の日本人」と呼んだトレバー・デイキンさんは1997年に亡くなっていた。初の来日を予定していた矢先のことだった。

デイキンさんの遺灰は、彼の遺言通り、チュンカイ墓地に散骨された。

「どんどんどんどん、こうしてみんな死に急いで逝くので寂しくなりますけど、私も生きている限りはしっかりお参りしてあげたいと思います」

鳥のさえずりが不自然なほどくっきりと聞こえる墓地の中で、名も知らぬ大木は濃い緑を四方に伸ばし、何かを語りかけているかのようだった。

3章　ナガセからの伝言

「ナガセ軍曹」登場

永瀬さん105回目のタイ訪問の同行取材から帰国して間もない2000年7月のある日。永瀬さんからまた電話がかかってきた。

「例のハリウッドの映画でわしを演じた俳優があした倉敷に来るんじゃ。満田君も来るか？」

アメリカの映画会社が泰緬鉄道の捕虜収容所を舞台にした映画を製作していることは永瀬さんから聞いていた。プロデューサーと脚本家が永瀬さんのもとを訪ねて話を聞いて帰ったこと。実話をベースにしていて、タイですでに原作者と永瀬さんが会うシーンを撮影していて映画の最後に挿入することなどだ。

原作者の名はアーネスト・ゴードン。記憶している方もいるかもしれない。前章で退却する日本兵の描写を紹介した『死の谷を過ぎて――クワイ河収容所』を書いた人だ。ゴードンさんはスコットランド出身の将校だった。シンガポールで捕虜になり、泰緬鉄道の建設に従事した。一度は死の淵を彷徨ったが、仲間の看病で奇跡的に回復し、収容所内に学校や教会を開いた。あの悲惨な日本兵の姿を見て、水や食料を与えて介抱した。戦後はアメリカに渡り、プリンストン大学の教会で長らく牧師を務めた。

ゴードンさんは、絶望から希望を見い出し、敵味方を区別しない公平な視点を獲得した人だ。たとえば、原爆について「何万人の捕虜の命を救った」と肯定する元捕虜がほとんどなのに対して、こう記している。

しかしながら日本人には、やはり日本人の言い分があるのも確かである。日本人には、広島、長崎に投下された爆弾が殺し、あるいはむごたらしい傷痕を皮膚に残した何万という非戦闘員を見よ、と言うことができる。両方の側に残虐行為があったのである。疑いなく両者は、それらの行為が戦争終結を早める効果をもたらすと考え、それを正当化していた。西欧世界に住む人びとのうち、自分たち個人の良心と自分たちの世界が行なった大量殺人のあいだに何のつながりをもいまもってみとめず、その残虐行為に対し自らの責任をいまもって容認していない者は、何百万人もいる。(斎藤和明訳)

永瀬さんとゴードンさんは戦争中、面識はなかった。しかし、ゴードンさんが本を書くきっかけとなったレオ・ローリングスさんの著書『泰緬鉄道の奴隷たち』を永瀬さんが翻訳したこと。日本軍の中にも公平な視点を持った人が戦争中にもいたとして、脚本に加えられたのだ。実際には永瀬さんは兵士ではなく専門職の通訳であった。映画に登場するのは通訳だが「ナガセ軍曹」というのがちょっと現実とは違っている。

2 人のナガセ

梅雨が明けた7月の昼下がり、私は山田寛カメラマンとともに倉敷市大島の永瀬さんの自宅前で待った。やがて車が停まり、中からイガグリ頭の青年が降りてきた。これが佐生有語《さそうゆうご》さんとの出会いだった。

すかさず、山田カメラマンがカメラを回す。

「いきなり撮るんですか…」

佐生さんはちょっと面食らったようだが、それは拒絶ではなかった。

「すみません。ちょっとここから撮らせてください」

私はそう言って、撮影を続けた。

家の奥の方から永瀬さんが出てきて、佐生さんの顔を見るなり言った。

「わしの若い頃にそっくりじゃ」

若い時の永瀬さんは写真を見るとなかなか端正な顔立ちをしている。演劇青年でもあり、青山学院時代には、初代水戸黄門を演じた東野英治郎と同じ舞台に立ったこともあった。永瀬さんの目は二重で佐生さんは一重まぶただが、永瀬さんいわく「南方に行っている間に二重になった」とか。ともあれ、永瀬さんはもう一人の「ナガセ」に好印象を持ったようだった。

「あのー、初めまして。佐生です」

永瀬さんの書斎のソファーに座って2人のナガセの会話が始まった。

映画「TO END ALL WARS」のロケはハワイ・カウワイ島で5月から6月にかけて行われていた。監督からおそらく「先入観を持たないように」という理由で撮影前に永瀬さんに会うことは禁じられていたので、本人に会うのはこれが初めてだ。

佐生さんは滋賀県出身の当時27歳。高校卒業後、映画俳優をめざしてカナダ・バンクーバーに渡って演劇と英語を学んだ。しかし、現実は厳しく25歳で帰国。

この映画の日本側キャスティング・ディレクターを務めたのは、自ら捕虜収容所長役で出演している油井昌由樹さんだった。油井さんは1970年代に雑誌『ホットドッグプレス』や『ビーパル』の創刊に関わったり、「パタゴニア」などのアウトドアブランドを日本に紹介したりした人だ。また80年代以降は「影武者」「乱」「夢」など晩年の黒沢映画に出演したり、自ら夕陽評論家を名乗って活動したりしている。芸能界・映画界・ファッション界に知己が多い。

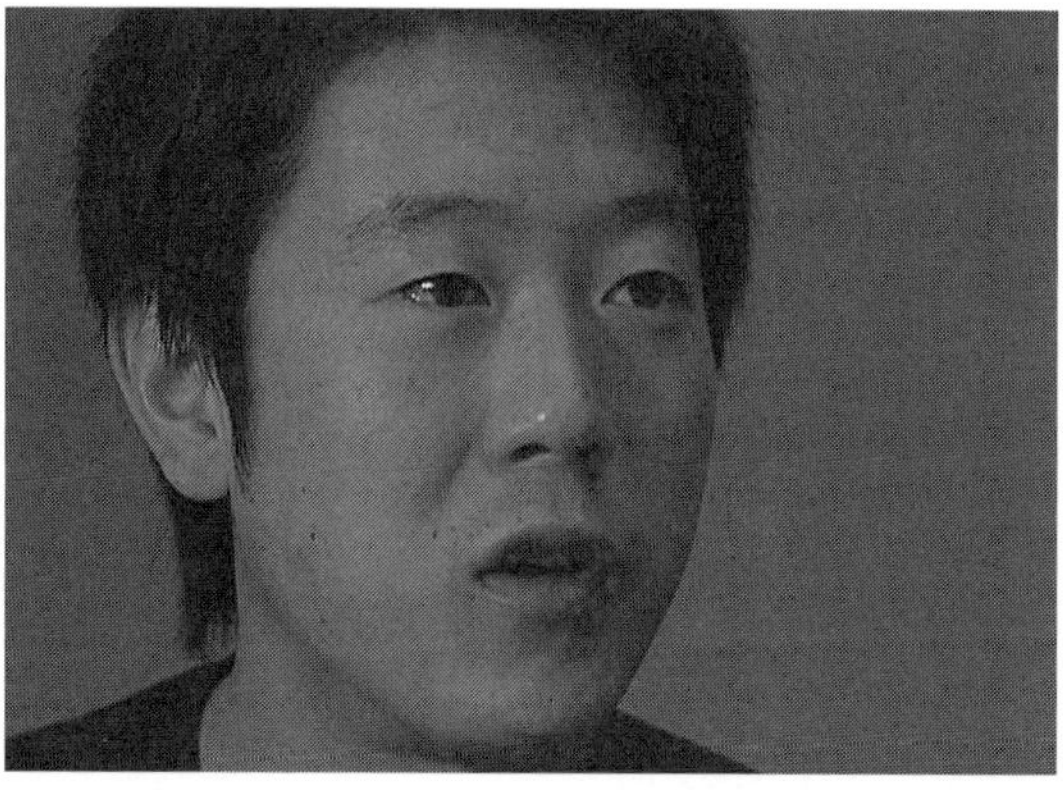
佐生有語さん

以前から面識があった佐生さんに、油井さんはオーディションを受けることを勧めた。

「まったく軍人らしく見えないというか、軍服がいかにも似合わなさそうなところが、このナガセさんの役にいいんじゃないかと思って…。それで現場に来て軍服を着せてみたらさ…ホントに似合わないいんだ、これが…」

後日、油井さんは無精ひげをなでなで、大笑いしながら話してくれた。

オーディションに来るまで、佐生さんは映画の内容について何も知らなかった。

「台本の一部を手渡されて、『TAKASHI』とあったので、『ああ、タカシか。タカシの役をやるんだな』とだけ思いました」

ロケが始まる直前になってようやくFAXが入った。

「コングラチュレーションズ！」

合格を知らせる連絡だった。

「もううれしくて、うれしくて、吐き気がするんですよ。あれは不思議な感覚でした」

この日、ロケの様子を撮影した写真を佐生さんは持参していた。カウワイ島のジャングルを切り開いて捕虜収容所が造られていた。また、熱帯独特の密生した竹を切り開くシーンを撮影した写真もあって、確かにタイで見た風景に似ている。

デビッド・カニンガム監督はドキュメンタリー出身でリアリティーを追求したという。製作したアーガイル・フィルム・パートナーズは独立系のプロダクションで低予算だというが、製作費は約10億円というから私にはピンとこないほどのスケールだ。出演は「フル・モンティー」のロバート・カーライル、テレビ映画「24」で大ブレイクしたキーファー・サザーランドなど。日本人は油井昌由樹、木村栄、中嶋しゅう。

「おう、この男は見たことがあるぞ」

永瀬さんはカーライルの写真を見て言った。

「ジャングルの中で撮っとるな」

「これがセットです」

「ようできとる。わしは言うたんじゃ、変な日本人を出すなって」

スコットランド出身のアーネストとキャンベル少佐にはシアラン・マクメナミンとロバート・カーライル、アメリカ人捕虜のヤンカーはキーファー・サザーランド。日本人キャストも怠惰な捕虜収容所長役に油井昌由樹、絶対的な権威を持つナガトモ中佐に中嶋しゅう、武士道を体現するイトウ軍曹に木村栄、そして日本軍と捕虜の間で葛藤する気弱な通訳に佐生有語というように、キャラクターの設定が明確だという。

「映画の中では、ナガセは身体検査に漏れて、兵隊になれなかったので通訳になったことになってるんですが？」

ナガセ軍曹を演じる
佐生有語さん

「そうなんだよ。まさにその通り。わしは体が弱いからな、陸軍省の通訳に志願したんじゃ」

永瀬さんは、フィクションとはいえ、自分がモデルのナガセ軍曹がどのように描かれているのか、気になってしょうがない。

「暴力的なことはまったくないです。それと、ガールフレンドの写真を肌身離さず持っていて…」

「ずーっと戦争中、帰るまで彼女の写真を持っとった。このおばさん（佳子さん）よりずっと前の話じゃ。弾に当たったもしもの時のために、シガレットケースに入れて胸のポケットに入れておいてください、と。復員してその写真を妹に見せたら、妹が泣いたんじゃ。帰るのが1年遅かったから、あの人は結婚してしもうた、言うてなあ」

初めて聞いた話だ。

「それで映画全体のテーマはどうなんだ、結局?」

「和解です。向こうの人がつくると、自分たちは被害者でおまえらは悪かったみたいな感じがどうしてもあるんですけど、全然それはないんです。何が正義で何が悪か、そんなことはわからない。ただ許すことの尊さを訴えている。その映画の一部になれたことがすごくよかったと思っています」

映画のストーリーを簡単に説明するとこうだ。教師をめざしていた主人公のアーネストは志願して東南アジア戦線に送り込まれる。シンガポールで捕虜になったアーネストを待っていたのは、タイの捕虜収容所での過酷な日々だった。激しい強制労働、日本軍の監視兵による理不尽な暴力。次第に捕虜たちは生きる希望や文明社会で培ってきたはずの人間性を失っていく。しかし、やがて彼は収容所で学校を開き、古典や聖書を学ぶことによって人間性を回復していく。日本軍の敗戦によって、復讐の鬼となる仲間のキャンベル少佐。だが、アーネストは憎しみの連鎖を断ち切ることを説く。

佐生さん自身、南京虐殺や731部隊についての知識はあったが、泰緬鉄道については知らなかったという。2人の会話は、日本の歴史教育に及んでいった。

「若い人に見てもらいたいんです」

「そうなんじゃ。日本では戦争中の出来事について若い人が全然教育を受けていないんだ。むしろ隠しているんだ」

「知ろうとしないのも悪いけど、何にもわからないから、知ろうともできないんですよ。監督のデービッドがタイに行った時、『戦場にかける橋』が観光名所になっていて、日本からも若い子が来ているけど、泰緬鉄道について誰一人知らないって驚いていました」

永瀬さんは佐生さんがすっかり気に入ったようだった。そして佐生さんをある行事に誘った。

「8月の第一土曜日。横浜で会おう」

横浜の暑い日

真夏の日差しが照りつけていた。ミンミンゼミの鳴き声が暑さに拍車をかける。少しだけ髪が伸びた佐生さんの額にも大粒の汗が流れる。

8月5日の土曜日の午前11時過ぎ。横浜市保土ヶ谷区の英連邦戦死者墓地。6回目を迎える戦没捕虜追悼礼拝が開かれていた。

この追悼礼拝は1995年、永瀬さんと雨宮剛・青山学院大学教授、斎藤和明・国際基督教大学教授（肩書きはいずれも当時）の3人が呼びかけ人となって始まった。雨宮教授は戦地となったフィリピンやタイで長期休暇中に学生を研修させるスタディーツアーを1989年から行っていた。斎藤教授は1976年、映画「TO END ALL WARS」の原作となったアーネスト・ゴードンさんの『死の谷を過ぎて――クワイ河収容所』を翻訳したことがそれぞれきっかけになって、永瀬さんと交流が生まれていた。この日参列したのはおよそ100人。イギリス、オーストラリア、ニュージーランド、オランダの大使館関係者。捕虜問題に関心を持つ市民や雨宮教授の教え子の学生やOB、市内の高校生の姿もある。

墓地は13ヘクタールの広大な敷地を持つ。埋葬されているのは1853人。そのほとんどが、太平洋戦争中に東南アジア各地から連行され、日本で死亡した連合軍捕虜だ。出身国ごとに区画が分かれていて、1032人を数えるイギリス区がもっとも大きい。芝生が敷きつめられ、前方中央部に大きな十字架があり、墓碑銘が整然と並ぶ。墓碑銘にはそれぞれ氏名や所属部隊、階級、死亡時の年齢が記されている。遺族や友人からの短い追悼文が添えられている。つまり、あのカンチャナブリの戦争墓地と同じ意匠になっている。

戦死者は現地で埋葬するのが英連邦の慣わしだった。この墓地は1947年から50年にかけて整備された。土地は日本政府から英連邦戦死者墓地委員会に永久貸与され、同委員会が管理している。

周囲が高い木々に囲まれた墓地は、普段はここが都会の真ん中にあることを忘れさせるほど静かだ。周囲は宅地化が進んでいるが、そこだけがまるでエアポケットのようにひっそりとたたずんでいる。横浜の外国人墓地といえば、港の見える丘公園近くのものが有名だが、ここ保土ヶ谷の墓地は、近所に住んでいる人にさえその存在はあまり知られていないのではないか。

カウラ事件

永瀬さんはなぜこの追悼礼拝を始めたのか。そしてなぜ8月5日前後の第一土曜日に実施しているのか。その理由を知るには、まず太平洋戦

横浜市の英連邦戦死者墓地

争中に、遠くオーストラリアで起きたある事件のことを知らなければならない。

1944年8月5日未明、シドニーから西へ約320km、ニューサウスウェールズ州の田舎町・カウラにあった捕虜収容所で日本人捕虜約1100人が集団脱走。日本人234人とオーストラリア警備兵4人が死亡した。第二次大戦中最大の捕虜脱走事件といわれるカウラ事件である。

捕虜たちが手にしていた武器は、野球のバットや食事用のナイフ、フォークなど。これで機関銃に立ち向かった。脱走というより、死を覚悟した自殺攻撃だった。

オーストラリア側の捕虜の扱いはジュネーブ条約を遵守したもので、羊や牛、豚などの肉類に加えて、時にはニュージーランドから空輸された魚までが食卓に並んだ。日本人捕虜は労働を拒否し、野球や花札、マージャンなどの娯楽を楽しんでいた。

それがなぜ無謀な突撃に出たのか。

背景として指摘されるのは、1941年1月に東条英機陸軍大臣が兵士の心得として発布した戦陣訓の一節であった。

「生きて虜囚の辱めを受けず」

捕虜になることを最大の恥とする教えである。安楽な生活を送りながら、日本人捕虜たちの脳裏にはこの教えが澱のように沈殿していた。1944年8月4日、オーストラリア側が兵と下士官の分離移動を提案したことをきっかけに、一部の強硬派が決起を主張。暴動に賛成か反対かを問う全員の投票で、多くの捕虜が内心では「生」を望みながら、8割が「死」を選んだ。戦陣訓の呪縛から逃れることができなかったのである。

他方、泰緬鉄道では捕虜を恥ずべきもの、とする考えが捕虜に対する苛酷な扱いを正当化する要因となった。

カウラの日本人墓地の墓碑銘に刻まれた名前の多くは偽名であった。捕虜になったことが故郷の人々に知られ、家族が村八分にされることを恐れたからだ。

運命の糸が永瀬さんをカウラに導いた。あの3週間にわたる泰緬鉄道沿線の墓地捜索隊の中に、オーストラリア軍の将校・ジャック・リーマン中尉がいた。彼はその1年1ヵ月あまり前、カウラ事件で遺体の確認にあたっていたのだ。さらに1948年に来日し、保土ヶ谷の英連邦戦死者墓地の管理主事を1952年まで務めた。リーマンさんが残した墓地捜索隊の記録『幸福な墓掘り』（永瀬隆訳）の最後には、こう記されている。

憲兵隊通訳だったナガセは、私に自分の住所を書いた紙切れを押しつけた。後年私は日本へ行ったとき、あの紙切れを探し出せていたら、彼に会いに行っていたのだが。

彼は完璧な通訳だった。しかし彼はいずれ戦犯に問われるかもしれないと告白している。

彼が生きているならば、会うとおもしろいのだが。

『ドキュメント　クワイ河捕虜墓地捜索行』現代教養文庫　社会思想社

リーマンさんは1962年に亡くなったが、永瀬さんはベッチー夫人を訪ねて1989年7月、初めてカウラを訪れた。そこでは、事件で死亡した日本人の墓地が美しく整備され、市民が手入れを行っていた。市会議員のドン・キブラーさんらによって、日本式の庭園も整備され、友好交流も進められていた。

「国際的な礼儀として、私たち日本人も何かお礼をしなければならない」

そう考えた永瀬さんは、日本で亡くなった捕虜たちの追悼行事を市民の手で行うことを思いついた。時期はカウラ事件の起きた8月上旬。厳しい暑さの中で、同じく厳しい環境の中で強制労働に就いた捕虜たちの労苦を参加者にわずかでも感じとってほしいという意味も込められている。

追悼礼拝は、賛美歌の合唱から始まる。参加希望者から「なぜ、キリスト教式でやるのか?」という問い合わせもあるそうだが、実行委員会はこう説明している。

戦没捕虜の多くがキリスト教徒で、彼らの信仰を尊重してのことです。私たちは皆様にキリスト教を押し付ける意図など毛頭ありませんし、この追悼礼拝に参加する方がキリス

ト教徒でなくても一向に差し支えありません。（追悼礼拝の案内文より抜粋）

永瀬さん自身、青山学院を卒業しているが、前述の通りタイでは仏教の得度をしている。また、四国八十八ヵ所にも熱心にお参りしている。こうした意味でも、永瀬さんは融通無碍というか、ある意味とても日本人らしいと言えよう。

「記憶は忘却の彼方に流されるべきものではなくて、この戦争の記憶は犠牲者のものであればなおさら、なんらかの形で語り伝えられていかなければならないのだと思われます。そういった記憶が根源的なところで癒され、その癒しから出発することから未来への平和の希望が見出されていかなければなりません」

主催者のあいさつに続いてイギリス大使館を代表して駐在武官のジョン・ボイド大佐がスピーチした。

「我々の人生で、苦痛とか人を失った悲しみは消すことはできません。しかし、いろいろな友情などを通して少しずつその苦しみをやわらげることはできます。謝罪をしたり、後悔したりすることでここに眠っている人たちを生き返らせることはできません。しかし、そのことを通して改めて新しい出発ができると思います。この追悼礼拝は、これからも平和を築いていくためにとても重要な機会だと思います。若い人に過去のことに対しての責任があるわけではありませんが、かつての敵同士が真に和解することの大切さを理解してください」

バターン死の行進

追悼礼拝には、毎年ゲストを招いている。この年招かれたのは、アメリカ人のレスター・テニーさんだった。テニーさんは1942年4月、21歳の時、フィリピンで日本軍の捕虜となり、「バターン死の行進」を体験した（著書に『バターン　遠い道のりのさきに』伊吹由歌子他訳　梨の木舎）。バターン死の行進とは、バターン半島の防衛戦で降伏したアメリカ・フィリピン軍7万3千人を、半島先端のマリヴェレスから北方のオドネル収容所まで約100㎞を7日から11日かけて徒歩で行進させたものだ。東京裁判での連合軍調査によると、8月までに、米兵1522人、フィリピン兵2万9千人が死亡している。

永瀬さんはテニーさんと2人で花束を持って、十字架にたむけた。

追悼礼拝に引き続いて近くの公民館で対話集会が開かれた。テニーさんは捕虜時代の体験を赤裸々に語った。

「いいですか、これから話すことはすべて私の人生に起こった本当の話です」

こう前置きしてテニーさんは話し始めた。

「降伏した時、私たちは多くの者がすでに赤痢やマラリア、脚気などにかかっていました。病気の者も、食べ物も水も与えられないまま、炎天下を4日間歩かされたのです。最初の日、ある監視兵が『タバコをくれ』と言ってきました。その時はまったく日本語がわからず、何もせずにいると、いきなり銃座で殴られました。鼻の骨が折れ、歯が落ちてしまいました。その時、戦争捕虜として生きることがどういうことか悟ったのです。『早く、早く』これが日本兵の決まり文句でした。立ち止まることはできません。それは死を意味するからです。止まった捕虜は撃たれて死んでしまいました。

道の脇に水たまりがありました。水牛が水浴びをしていて、糞をするから飲めば必ず赤痢になります。耐え切れず、10人の捕虜が水を飲みに行きました。日本兵はその10人を1人ずつ撃ち殺していきました。列を離れるなという命令に背いたからです」

斎藤教授が通訳するその言葉を、参加者は息をのんで聞き入っている。

「わかってください。私は日本人を憎んでいるわけではありません。自分を殴った人間を憎んでいるだけです。日本兵にとって、戦陣訓にあるように、もっとも悪いことは捕虜になることです。もともと悪いことをしているのだから、殺してもいいと考えていたようです。行進4日目の朝、向こうから馬に乗った将校が刀を振り回しながらやってきました。よけたのですが、肩から背中にかけて切られてしまいました。仲間の軍医が縫ってくれました。歩きながらです、止まることは許されなかったからです。みなさんの中で神様を信じている人がどれだけいるかわかり

レスター・テニーさん

ませんが、私が信じたのはこの時でした。軍医が背中を縫っていた10分後に、4日間で初めて『休め』の号令がかかったのです」

会場からも質問が飛ぶ。

「切られた理由は？」

「ありません。ただ遊んでいるように見えました」

「日本兵は上官から命令されたら殴るのが当たり前と思いますが、アメリカ兵には殴らない自由がありますか？」

「あります。非人道的なことを命令されたら拒否し、上官に報告することができます」

テニーさんの話は続く。

「道端に時々泉が湧いているんですが、1人、2人、3人と飲みに行きました。4人目は私の友人でしたが、日本兵が笑いながら銃剣で彼の背中を刺して、彼は死んでしまいました。最後にオドネル収容所に着くと、収容所長がやってきて壇の上に立って演説しました。『我々日本人は降伏しない。アメリカ人は降伏する。犬以下の存在だ』と」

その年の9月ごろ、テニーさんは貨物船の船倉に詰め込まれ、日本へと移送された。そして福岡県大牟田市の三井三池鉱山で強制労働に就いた。

3年半の捕虜生活を通して、彼を支えたのは、「絶対に家に帰るんだ、愛する妻のもとに帰るんだ」という思いだったという。フィリピンに来る数ヵ月前に結婚したのだが、政府から夫が捕虜になって死んだと知らされた奥さんは、それでも3年間待ち続けた。しかし、テニーさんが帰国してみると、彼女は再婚してしまった後だった。

戦後、テニーさんは大学で金融を学び、アリゾナ州立大学の教授となった。日本人に対する憎しみを解いたのは、1968年、たまたま交換留学生としてテニーさんの家に3ヵ月ホームステイした22歳の日本人青年だった。この青年との対話を通して、テニーさんのわだかまりは次第に消えていった。

1988年、この青年の結婚式に招待されて、テニーさんは戦後初めて日本を訪問した。

「他の人々と共存し、過去にあったことを許すことが大切だとわかったのです。忘れることはできません。でも許すことができたことで、私は幸福な人生を送ることができたのです」

対話集会の後の単独インタビューでテニーさんはこう語った。しかし、どうしても許せないのは、三井鉱山だと言う。

「三井は謝罪もせず、間違ったことをした責任を認めていません。戦時中と今は違う会社だと言い逃れているのです。これは名誉を重んじる日本人にとっても不名誉なことではないでしょうか？」

1999年、カリフォルニア州法の改正に伴い、テニーさんは日本企業を相手取り、謝罪と正当な補償を求めて提訴した。（のちにカリフォルニア北部連邦地裁が請求却下）

その後もたびたび来日し、学生らを対象にした講演活動やシベリアに抑留された元日本兵らとの交流・共闘を模索している。

ところで、私はテニーさんに原爆投下についての意見も尋ねた。

「戦争を終結させるには何かが必要だったのです。私は幸運だったのです。もし、原爆が投下されなかったら、私は殺されていたからです。日本の方は、もし原爆が落とされなかったら、さらに100万人から200万人の日本人と20万人のアメリカ兵の命が失われていたことがわかっていません。日本が降伏しなかったら、アメリカ軍は何千機もの爆撃機で、日本のすべてを破壊していたことでしょう。こんな命令文書が残っています。もし、アメリカ軍が日本に上陸したら、直ちにすべての捕虜を殺害せよという命令です。何人の捕虜がいたか知っていますか？　14万人ですよ。原爆はそれが奪ったより多くの命を救ったのです」

永瀬さんも戦争末期、タイのバンポンで捕虜たちが塹壕を掘る作業を与えられているのを目撃している。この時、知り合いの下士官が「塹壕というのは、必ずしも戦うためのものではありません。だから、奴らに掘らせたのです。意味がわかりますか」と笑ったのを覚えているという。

この「原爆が我々の命を救った」という見方は多くの元捕虜に共通する認識だ。私自身、何人かから直接聞いている。原爆を正当化などできない。しかし、当事者たる元捕虜から聞く言葉には重みがある。

このインタビューは佐生さんと永瀬さんも同じ部屋にいてじっと聞いていた。

「佐生君、今度、いっしょにタイに行こうや。現地を見ておいたほうがええ」

帰り際、永瀬さんが言った。

「ほんとにいいいんですか？　ぜひ連れて行ってください」と佐生さん。

永瀬さんの体験をいかに若い世代に受け継いでいくのか。私の次の番組のテーマが決まった。

メーホンソン

眼下には険しく緑濃い山岳地帯のジャングルが広がる。2000年11月20日。私たちはタイ北部の中心都市・チェンマイから西へ、ミャンマー国境に近い町・メーホンソンに向かう機内にいた。この険しい山の中を、日本軍はビルマへと向かい、やがて一敗地にまみれて退却してきた。その行軍と退却の厳しさは、何万フィートも上空からでも容易に想像できる。

関西空港を発ったのは、未明の午前1時25分だった。バンコクのドン・ムアン国際空港を経由してチェンマイでさらに飛行機を乗り換え、出発からすでに13時間が経っているのだが、

27歳の佐生有語さんは、まったく疲れた様子はない。初めてタイを訪問する興奮が体を覚醒させているのは確かだろう。もっとも、彼の3倍も年上の永瀬隆さんがやすやすと同じ日程をこなしているのではあるが。

出発前、関西空港で2人はこんな会話を交わしていた。

「あまり何も知らない状態で現地を訪ねるというのもちょっと失礼かな、と思っていたんですよ。冷やかし程度では資格がないと。戦争を経験しているわけでもないし」

「あなたたち世代には責任はないからね。犠牲者の冥福を祈ってくれたら充分だと思うな」

「最近になってちょっと気が楽になったのは、知らないから余計に行ってみて空気を肌で感じてみるのが大事かな、と思えるようになったので。それに永瀬さんが一緒に行ってくださるのは大きいです」

「むしろあなたは映画に出る前に行くべきだったね。その方が映画に気持ちが出たかもわからんな」

「スケジュールの中にヘルファイヤー・パスが入っていて、ヘルファイヤー・パスはどうしても行きたい場所のひとつだったから、とてもいい機会だと思っています」

「まあ、なんでも勉強じゃ」

日本兵を追悼する

一行がまず向かったのは、カンチャナブリよりずっと北方のメーホンソンだった。永瀬さんはこの前年、この県で元日本兵の遺骨がまだ多数残されていることを知った。インパール作戦で敗れ、ビルマから退却してきた日本兵たちだ。泰緬鉄道自体、戦争末期には補給路としての役割はほとんど果たせなくなり、日本兵の退却路と成り果てていた。そのみじめな姿は永瀬さんの目にも焼き付いている。同じことがここでも起きていたのだ。

日本兵の霊を慰め、またお世話になったタイの人たちに恩返しをしたい。思い立ったらすぐ行動するのが永瀬さんの流儀だ。現地に慰霊塔やお堂を建立することにした。

メーホンソン空港に着くと、待っていたのはクンユアム警察署長のチャチャイ・チョムタワットさんだった。チャチャイさんは、メーホンソンに多くの日本兵の墓があり、約7000人の遺骨が今も残ったままになっているとする報告書をまとめた中心人物だ。村々に残る日本軍の遺留品を集めて、1996年、クンユアム第二次世界大戦戦争博物館を開館し、館長も務めていた。

カンチャナブリなどよりずっとのんびりした雰囲気のメーホンソンの町を抜け、この日は郊外のホテルに宿泊した。

翌22日の早朝、慰霊塔の完成式典に向けて出発した。気温は20度ぐらいだろうか。辺りは霧が立ち込めていて、ひんやりとした空気の中、曲がりくねった国道を車は走っていく。

「ここには日本軍が建設した輸送用の道路があったんじゃ。その上に国道ができたんじゃ。日本軍は2回来ているわけじゃ。1回目は1943年に道路を建設するため、2回目はインパール作戦から負けて帰る時じゃ」

メーホンソンから国道を1時間半ほど南下したファイポーン村が建立した場所だ。ここで、日本兵の遺骨が多数見つかった。

慰霊塔はパゴダと、日本式の慰霊碑の2つからなる。碑には「日本兵士鎮魂の塔」と漢字で、土台の部分にはタイ語で「安らかに眠ってください」と記されている。タイ語の文字の上には、ここで見つかった日本兵の認識票が4枚、写し込まれている。碑の裏側には「倉敷有志建立2000年11月吉日」の文字。

パゴダは完全なタイ式で高さは3メートルほど。3層の屋根がついたデザインだ。

やがて4人の僧侶がトラックの荷台から降り立ち、地元の住民も集まり始めた。

当時の模様を知っている人がいないか、尋ねてみた。70歳だという男性が答えてくれた。

終戦当時は15歳ぐらいだったことになる。

ファイポーン村に建立した慰霊塔

「日本人がいたことは覚えていますよ。ちょうどこの辺りに駐屯していたんです。病気の人もたくさんいましたね」

「亡くなった人はここに埋葬したのですか？」

「はい、足を切断したり、病気になったりして亡くなった人はすべてここに埋葬したと思います」

ここで通訳をお願いしていた山本敏幸さんが口をはさんだ。

「タイでは川に流すのではないですか？」

「日本の人は川に流すのは抵抗があったのでしょう。怖くはないですが、ここには近寄りがたい感じがしていました。前よりきれいになったので、お参りしたいと思います」

チャチャイさんによると、この近くで日本軍の将校が終戦後すぐに自殺したという。

永瀬さんが「わしは言いたいことがあるんじゃ」と言ってカメラに向かってしゃべり始めた。

「私たち南方軍の人間は、輸送船の上で『海行かば水漬く屍、山行かば草生す屍』と歌ってやってきた。ところが55年経ってみてどうですか。歌の通り、『山行かば草生す屍』となって兵隊さんたちは草むらの下に眠っている。私は去年初めてここに来た時、日本人として本当に恥ずかしいと思いましたよ。私たち戦中派の人間は一体何のために戦ったのか。この間もある兵隊さんが言いましたよ。『私たちは犬死ではなかったのか』と。靖国神社に名簿は祀られていますけど、天皇陛下は参ることもできない。戦後処理が何もできていない。そのことを日本人はなんとも思っていない。私たちはもう先はないかもしれないが、私は訴えたい。日本の人たち、しっかりしてください」

僧侶の読経が響き渡る。佐生さんも永瀬さん夫妻と並んで、静かに手を合わせる。続いて永瀬さん夫妻が子どもたちに奨学金を手渡す。例によって、クワイ河平和基金の事務局長・スワンナさんがすべて準備を整えていた。

50人ほどの住民を前に、永瀬さんがあいさつする。

「55年ほど前に、みなさんにはお世話になりました。日本人としてお礼を言いたい。ご迷惑をおかけして、申し訳ありませんでした。ここを通る時には、どうか拝んであげてください。私も生きている間はできるだけここに来たいと思います」

クンユアム星露院

クンユアム星露院

ファイポーン村からさらに30分ほど走るとクンユアムの町に着く。中心部にある大きな寺院ワット・モエトーの中に、「クンユアム星露院」が完成していた。50坪ほどの平屋の建物の入り口を入ると、左手に金色の仏様が鎮座している。地元の人が集会場として利用できるようになっているのが、永瀬さんらしいところだ。入り口の横には石碑が建っていて、戦記作家の伊藤桂一さんが永瀬さんに贈った碑文がしたためてある。

悼
天に星　地に草の露
はるかに故国を恋いつつ
ここに兵士たちの　御魂眠る
ただ虫の声のみ
その勇武のあわれを悼むなり

お気づきのように、この詩の一行目の「星」と「露」をとって、念仏堂は「星露院」と名づけられた。

ここでも、小中学生59人に奨学金が贈られた。

校長先生がお礼の言葉を述べる。

「子どもたちは貧しく、学用品その他勉強に必要なものを買えませんが、今回ご寄付をいただきまして、さらに勉強を続けることができます」

永瀬さんが答える。

「55年ほど前、みなさんのおじいさん、おばあさんに日本の兵隊さんがお世話になったお礼に差し上げました。どうか勉強に役立ててくださ い」

クンユアムはミャンマーとの国境からわずか30㎞に位置している。このワット・モエトー寺院には、野戦病院が設けられ、数多くの日本兵を収容していた。その様子はチャチャイ署長が館長を務める第二次世界大戦博物館に展示されている写真や鍋、飯ごう、軍服などから窺い知ることができる。庭には、朽ちかけた軍用トラックの残骸が並んでいる。

夫の名前はフクダ・サンペイ

博物館に程近い集落に、かつて日本兵と結婚していた女性が住んでいた。

「サワディー！（こんにちは）」

夫は元日本兵だった

高床式の住宅を訪ねる。女性の名前はチョンタシーマーさん。夫の名前はフクダ・サンペイだったという。もともとは電気関係の技術者だったらしい。この村に退却してきた当初はマラリアにかかっていたが、彼女が看病したことがきっかけで2人に恋が芽生えた。

「夫はとてもやさしい人柄で、病気が治ると村のいろいろな設備を修理して感謝されました。父もとても気に入って結婚を認めてくれたのです」

やがて2人の男の子が生まれたが、1950年、長男ブンアーさんが3歳、次男サンモアさんが8ヵ月の時、郡庁から警察官がやってきて、彼を連れ去って行ってしまったという。

「別れた時はとても悲しくて、今も思い出して泣いています」

チョンタシーマーさんはそう言って両手で顔を覆った。

「夫はバンコクの病院で亡くなったと聞いています」

「病院はどこにあったのか、聞いてみて」

永瀬さんが通訳の山本さんに質問を促す。

「トンブリ地区にあった外国人のための病院だそうです」

やがて、2人の息子が仕事から帰ってきた。学校で先生をしているという。なるほど、日本人的な顔立ちと言えなくはない。

長男は父が残した軍刀を手にしていた。

「これは将校が持っとる刀じゃ。お父さんの階級は?」

「曹長でした」

「それならこの刀を持っていて不思議じゃないな。茎（なかご。刀の根元のところ）に職人の名前が書いてあるはずじゃ」

永瀬さんがそう言うと、長男は刀を柄から引き抜いた。確かに何か文字が彫ってあるが、すっかり錆びているため読み取れない。光を当ててルーペで観察する。

「一番上に『長』という文字がありますね」と私。

「これは『忠』じゃな。その上は『氏』か『民』に見えるなあ。『尽忠報国』かもしれん。そういう言葉を入れる人が多いから。刀の職人なら、もっと深く彫るはずじゃから、これはたぶん本人が自分で彫り入れたんじゃろう」

みんなで代わるがわる目を凝らしてみたが、どうしても読み取れない。

フクダ・サンペイは鳥取県の出身だったという。

「名前が間違いなければ、県庁に問い合わせればすぐわかるじゃろう。名簿があるはずじゃ」

チョンタシーマーさんに調査を約束して、家を後にする。ブンアーさんは別れ際、永瀬さんにビルマで日本軍が発行した軍票を2枚、お土産として手渡した。

「また会いに来てください」

「お元気でね」

佐生さんに感想を尋ねた。

「50年経って、未だにあのおばあさん…」

そう言ったとたん、彼の目から涙があふれ出た。

山田カメラマンは撮影を続ける。

「あのおばあさん、どれだけ悲しかったか。あのおばあさんにとって戦争はまだ全然終わっていないというか…」

戦争の傷を今も引きずって生きている生身の人間に接して、気持ちをうまく整理できなくなってしまったのだった。彼の心情を、私はのちに制作した番組でこんな風に表現した。

戦争の犠牲になるのは、いつも庶民で、その傷は一生かけても癒すことができない。旧日本軍の飛行場跡を歩きながら、僕はそんなことを考えていた。

おばあさんの家の近くには、日本軍が建設した飛行場があった。草が伸び放題だが、ところどころにのぞく平らな地面は、確かにここに滑走路があったことをうかがわせる。農民が牛を2、3頭追い立てて横切って行った。黄色い小ぶりなヒマワリの花が一面に咲き乱れていた。

タイ国鉄ナムトク線

23日、メーホンソンを後にした私たちは、チェンマイを経由してバンコクに戻った。

翌24日、いよいよカンチャナブリに向けて出発する。ここで少し撮影プランに迷いが生じた。2人が一緒にカンチャナブリに近づいていく過程を撮りたいと考えていたのだが、佐生さんは鉄道で行きたいと言う。それで永瀬さんはと言うと、「車の方が早いじゃろ？　わしはえれえ（体が苦しい）から車で行く」

まあ、いい。2人が一緒の場面はまだいくらでも撮れるだろう。今回は佐生さんが中心だと考え、佐生さんに密着することにした。

早朝、チャオプラヤ川西岸にあるバンコク・ノーイ駅に向かう。駅の周りは大きな市場になっていて、野菜や果物がずらりと並び、トゥクトゥク（三輪タクシー）がけたたましく行き交う。トゥクトゥクは2サイクルのエンジンを搭載しているので、辺りは排気ガスで白く煙るほどだ。そんな喧騒の中、その名の通り「ノーイ（小さい）」駅はひっそりとあった。

ナムトクまで210kmの運賃はわずか25バーツ（当時のレートで約80円。これは何十年も据え置きだったらしいが、その後100バーツに値上げされた）。庶民の足、という額だ。

「ついにカンチャナブリに行くと思うと、ちょっと興奮しています」と佐生さん。

見覚えのある列車が次々に到着するが、どれがカンチャナブリ方面行きなのかよくわからない。まごまごしていると、どうやらプラットホームをひとつと線路を2本越えて向こうに停まったのがそうだとわかった。開きっぱなしの乗降口からあわてて乗り込む。

おなじみの木製の堅い座席だ。客はまばらで、白人の旅行者と地元の人が1車両に数人ずつしかいない。8時30分、列車が動き出した。ダイヤ表には7時42分発と書いてあったから、約50分遅れだ。

ごみごみした市街地を抜けると、あたりはヤシの木や潅木が茂る田園風景に変わっていく。10時36分、2時間あまりでノン・プラドック駅に着く。ここに泰緬鉄道の起点を示すゼロ指標が打ち込まれたのは、1942年7月5日のことだった。

現在はこげ茶色の屋根の小さな駅舎と熱帯の花が咲き乱れるのどかな駅だ。このすぐ先がマレー半島に向かう南線とナムトク線の分岐点となっているため、引込み線が何本もある。端の方には随分古びた貨物車両が何両かあって、シンガポールから捕虜を輸送してきた車両もかくや、と思わせる。

ノン・プラドックを出て5分後に線路は2手に分かれ、私たちの列車は右側の線路をまっすぐ西へ進む。

佐生さんはデイバックから永瀬さんの著書『虎と十字架』の英語版を取り出した。タイで読むとまた伝わってくるものが異なるのだろう。

バンコクを出て3時間、右側前方に山が見えてきた。チャオプラヤ川を中心にした広大な平野ばかり見慣れているバンコクっ子には、山はちょっとした憧れの存在らしい。永瀬さん夫妻も、「山が見えてくると、『ああ、カンチャナブリに帰ってきた』と思うんじゃ」とよく語っていた。

11時42分、列車はカンチャナブリ駅にすべり込んだ。ホームには沢山の観光客。白人が圧倒的に多い。次々に乗り込んできて、がらがらだった車内はあっと言う間に満席になった。

カンチャナブリを出て10分後には、列車はクワイ河鉄橋に差しかかる。相変わらず橋の周囲にはたくさんの観光客。汽笛が鳴り響き、ゆっくりと列車は鉄橋を渡り始める。黒々とした半月形の鋼材を山田カメラマンが広角レンズで収めていく。空には日本の秋のようないわし雲。佐生さんは窓から身を乗り出し、鉄橋に軽く手を触れていた。

そして、午後1時03分、最大の難所・アルヒル桟道橋。例によって列車は時速10㎞以下のデッドスロー。足元は頼りなげな木橋。茶色く濁った水が滔々と流れる。川の向こう岸には、水上レストラン。その数がまた増えたようだ。

右側はぶつかりそうなほど近くに岩肌が迫る。窓には鈴なりの観光客。佐生さんもまた物珍しそうな観光客の1人となっていた。

午後1時43分。終点・ナムトクに着く。バンコク・ノーイ駅を出てから5時間13分が経っていた。

線路の終点の先に目を凝らすと、観光用のゾウの背中に乗った白人女性が廃線区間の踏切を渡っていく。そして、そのゾウをナムトクで降りた観光客を乗せたバスが追い越して行った。

私たちが乗ってきた列車は、すぐ折り返しの便となって10分後に出発した。列車の中で佐生さんにマイクを向ける。

「とにかく今も線路が現役で使われて列車が走っていることに改めて驚きました。今のように重機ではなく、粗末な道具と人間の手でこれだけの鉄道を作ったのがちょっと信じられないし、犠牲が払われたことも一目瞭然です。

アルヒル桟道橋を渡った時の方が、クワイ河鉄橋を渡った時より何か心に来るものがありました。それと、日本人観光客も結構多くて驚いたんですけど、きっと何か感じるものがあるはずで、これだけの人が来ている割には泰緬鉄道への関心が低いことが僕にはよくわかりませんね」

ナガセからの伝言

「見てごらん、みんな若いじゃろ」

2人の「ナガセ」が肩を並べて歩く。カンチャナブリで列車を降りた

カンチャナブリの
戦争墓地で

佐生さんは、永瀬さんと合流して、戦争墓地にやってきた。

「彼の任務は気高く成し遂げられた」

「また会う日まで神のご加護を」

永瀬さんが墓碑銘を次々と読み上げていく。

「こういう英語の言葉はぐっとくる。あなたたち若い人はどう思う？　私らは涙なくしては読めんけどな」

「これを私たちは墓地捜索隊でずうっと調査したわけだ。それを15年かけてここへ持ってきた。だからやろうと思えばできるんだ。ここで日本との文化の違いが出るわけだ。私はこういう遺骨の問題というのは勝ち負けの問題じゃないと思うんだ。日本は負けたことをいいことにして何もしないんだ。だから本当の意味で負けているんだ」

「日本の兵隊さんは死んでも死にきれませんね…」

「あまりにも差があるでしょう。だから私は本当に心から怒りが込み上げてくるんだ」

永瀬さんは墓地捜索隊の話を始めた。草むらの中に朽ち果てた十字架があったこと。大きなミミズやムカデが飛び出してきたこと。戦犯名簿を記した紙が入った石油缶を胸に抱いて地中深く眠っていた捕虜の遺骨。「日本人に我々の正義がどんなものか教えてやる」と燃えるような目で永瀬さんをねめつけてきた連合国軍の将校…。

「その結果がこうして…」

「それでまだ行方不明者がいるので、大使館が懸賞金をつけて探しているんだ。ここには遺族もたくさん来るが、2時間でも3時間でもお墓の前に座って自分の肉親と対話している。日本人はあの戦争で一番大事なものを失ったな」

続いてクワイ河平和寺院に向かう。

寺院の前に、新たに石碑が設けられていた。碑文はこうだ。

聞永瀬氏活躍有感

志願従軍赴戦場
偶看非道痛中腸
恩讐千載俘囚恨
欲解孜々寝食忘

貝沼泰堂

永瀬さんの人生を表現したこの漢詩の作者は貝沼研造元少佐。陸軍中野学校出身で、19

43年4月、永瀬さんがタイ国駐屯軍司令部参謀部第二課情報室に転属した際の室長だった。「絶対に部下を叱らなかった」という、永瀬さんのかつての上司だ。戦後は秋田市で醸造業を営んだ。

「わしには最高の賛辞なんじゃ」

寺院の中に素足で座った2人はともに手を合わせた。永瀬さんが得度をした時のことを語る。

「ここに白い法衣を着て、一晩寝たわけ。あくる日に本山のワット・チャイチュンポーンに行って、黄色い衣に着替えて3日間の修行。本当は1週間しなきゃいけないんだけど」

オーストラリアの博物館

翌朝、8時過ぎにホテルを出発して、ヘルファイヤー・パスに向かう。

「グッド・モーニング!」

「オハヨウゴザイマス、ナガセサン」

迎えてくれたのは、ヘルファイヤー・パス記念館のテリー・ビートン館長だ。オーストラリア政府がここに博物館を完成させたのは、1998年。ヘルファイヤー・パスで犠牲になった捕虜の多くがオーストラリア人だったからだ。鉄筋コンクリート造りで白く塗られた瀟洒な建物だ。ビートン館長は退役軍人だ。

早速、永瀬さんが佐生さんを紹介する。

「今、ハリウッドのプロダクションが泰緬鉄道に関する映画を製作中なんです。アーネスト・ゴードンの…」

「ええ、知ってますとも」

「映画はご存知のように実話に基づいているんですが、架空の人物でナガセ軍曹というのが登場するんです。その役を演じたのが、彼なんです」

「はじめまして」

「いや、こちらこそ」

「私はゴードンさんには戦時中、会ったことはないんですが…」

「フィクションですか。でも『戦場にかける橋』も95％はフィクションで真実は5％しかありませんからね。収容所での生活は真実でも、鉄道建設については作り話です。実際には鉄道を建設したのは日本人で、イギリス人が引き継いだわけではありません。私はこの博物館に来た人にはよく言うんですが、最初、この鉄道について学び始めた時はあの映画に怒ったものですよ、元捕虜の人たちと同じようにね」

「日本側もあの映画には怒っています」

ヘルファイヤーパス記念館のテリー・ビートン館長（当時）

「でも、お客さんをもてなす立場から言えば、今ではあの映画に感謝していますよ。この鉄道に関する映画はこれまで『戦場にかける橋』しかなかったわけで、少なくともたくさんの人がここを訪れるきっかけにはなります。そして、私は訪れてくれた人に映画ではなく、真実の鉄道の歴史をお見せするというわけです」

永瀬さんはまるで宝物のありかを打ち明けるような表情で、ビートンさんにその頃から頭の中を占めていたあるアイデアについて話し始めた。

「私はこの泰緬鉄道を世界遺産にできないか、と考えているんですよ」

私の記憶が正しければ、永瀬さんがこのアイデアを初めて口にしたのは、この年の10月、東京で「まちかどのフィランソロピスト賞」の授賞式に出席した時ではなかったかと思う。戦争の負の遺産として、歴史を語り継ぐために保存し、犠牲者の冥福を祈り続けようというのが趣旨だ。

ビートン館長は、自分は豪政府と豪戦争墓地委員会に仕える身なので個人的には協力できないが、と前置きした上でこう述べた。

「この鉄道はこのまま保存されるでしょう。11年前、日本企業がクワイ河鉄橋を新しい道路併用橋に架け替えようという計画を発表したんですが、タイ政府は拒否しましたからね」

「初めて聞きました…」と永瀬さん。

「新聞やその他のメディアに随分出ましたよ。あとで切抜きをお見せしましょう。日本企業としては、いつまでも悪いイメージの残るあの鉄橋を撤去したかったのではないですか？　あのアルヒル桟道橋も当時のまま保存されているのは、私はタイ政府のファインプレーだと思っています。もっと丈夫な橋に付け替えることもできたはずですけどね」

もちろん、タイ政府には鉄道をそのまま保存した方が観光のためには得策だという思惑があったことは確かだろう。11年前と言えば、１９８９年。バブルの真っ只中だ。ありそうな話ではある。だが、永瀬さんは日本企業のそうした考え方そのものに怒りを隠せない様子だった。

話し込んでいると、博物館の前にワゴン車が停まり、10人ほどの白人観光客が降りてきた。ビートン館長は仕事に戻る。

「おはようございます、みなさん。どちらから？」

「チェコ共和国」

「ここにいられる時間は？」

「30分」

「30分だと下に（ヘルファイヤー・パスに）行くのはちょっと厳しいかな…。実際に捕虜たちが働いた跡を見たあと、博物館の中を見学してもらいたかったんですが…」

ヘルファイヤー・パスを行く

永瀬さんは佐生さんを伴って、階段を下りてヘルファイヤー・パスに向かった。6年前は1本だった杖が2本になっている。

「これが枕木ですよ。チークじゃな」

「枕木1本に1人の犠牲者…」

佐生さんがつぶやく。

「(発破のために開けた穴を指して) 鉄の棒で開けて、ダイナマイトを入れて爆発させたわけじゃ。あとはこういうバラスの砕石を全部やらせたわけじゃ」

「岩の塊ですよ、この辺全体」

「カンテラをつけて夜通し作業した。それが要するに地獄の業火のように見えたわけじゃな」

「この辺にも墓地があったんですか?」

「当時は汽車がここを通っていたからね、降りずに通り過ぎたんだ。この辺は行ったり来たりしたから、墓地もたくさんあったはずなんだが、よく思い出せないんだ…」

切り通しの中ほどに、「命の木」と元捕虜たちが呼ぶ木がある。高さ30mはあろうか。戦後まもなく、軌道が撤去された後にすぐ生え始めたという。根元が空洞になっている。「命の木か…。そう言われても仕方ないなあ。ここだけで400人も死んでいるからなあ…」と永瀬さん。

佐生さんの出演した映画にも、ヘルファイヤー・パスの場面は出てくる。そのメイキング・シーンを撮影した映像を私は見せてもらっていた。が、捕虜役の人たちがつるはしで削っているのは土のようで、柔らかそうに見えるのが気になった。

佐生さんにとっても、実際にこの場所に来た印象は異なっていたようだ。

「ここは写真で何べんも見ているのでイメージはあったけど、思っていたよりずっと規模が大きいのと、触ってみるとガチガチの岩で、これを手で穴を開け、切り通していったというのはちょっと想像できません。それとここでは枕木1本に1人の方が犠牲になっているというのがあるから、1歩歩くと1人、また1歩歩くと1人というのを考えると、いたたまれないです」

また歩き出した永瀬さんがこちらを振り向いて言った。

「この辺だったよなあ。この辺で彼らとにらめっこしたんじゃ」

にらめっこ…。そう、永瀬さんは1994年2月のあの元捕虜との出会いについて語っているのだ。

―きょうは元捕虜の人はいませんね？

「それでも、ビートンさんがわしらが日本人だと言ったら、チェコの人たちは変な目で見始めたよ。僕はそう感じる、冷たい目だと。僕は元捕虜ににらまれるより、ちょっと怖かったな。捕虜が恨むのは当たり前でしょう？　だけど、第3者の国の人がね、そういう目で見るというのは…。それで毎日毎日、こうやって外国人が沢山来て、いかに日本人がひどいことをしたかということが知らされるわけでしょ。それに対する何かを日本はしないとだめだと思うなあ。そういうことが、日本人には全然わかっていないんだ」

オーストラリア政府が取り付けた銘板の前で2人が手を合わせていると、にぎやかな一団がやってきた。バンコクから来た高校3年生の女子生徒たちだ。そう言えば、この日は土曜日。グループの1人の実家がこの近くなので、やって来たという。

―日本が鉄道を建設したというのは知っていますか？

「はい。あまり知識はないのですが、怖い場所だという印象はあります」

ヘルファイヤーパスで

―日本人のことはどう思いますか？

「好きです。セーラームーンとか、日本の番組をよく見ます。他のことはよくわからないけれど…」

女子高校生たちの屈託のなさにちょっとほっとして、帰途につく。長い階段を上るのは82歳の永瀬さんにとって大変な作業だ。見かねて「おんぶしましょうか」と声をかけると「ばかなことを言うんじゃない。そんなみっともないことができるか」と頑強に拒否する。ゆっくり、ゆっくり休みながら博物館に帰り着いた。

博物館にはパネルや写真、ジャック・チョーカーさんやレオ・ローリングスさんら元捕虜が描いたスケッチのほか、ヘルファイヤー・パス周辺のジオラマ、丸太を持った捕虜の等身大の人形などが展示されている。ミニシアターもあって泰緬鉄道の歴史をまとめた5分ほどのビデオも見ることができる。入り口には「A life for every sleeper」（枕木1本に1人の命）の文字が掲げられていた。

クワイ河まつり

夕方、カンチャナブリに戻る。鉄橋の周囲は人でいつも以上にごった返していた。橋のたもとのテラスにはたくさんのいすが並べられ、対岸には日の丸や赤十字のマークをつけたニッパヤシで葺いた小屋も建てられている。1年に1度の祭典が始まろうとしていた。

「クウェー川鉄橋週間」はタイ政府観光庁とカンチャナブリ県が共催して1980年に始まった。毎年、雨季が終わったばかりの11月末から12月初めにかけて約2週間様々なイベントが開かれる。目玉は、鉄橋を舞台に派手なライトアップと花火で繰り広げられる音と光のショーだ。

永瀬さんと佐生さんを誘い出して2人で見てもらうことにした。

「戦争の悲惨な歴史を観光用の見世物にしている」

永瀬さんのみならず、多くの元軍人があまりに商業化したこの祭りに拒否反応を示していることは承知していた。それでも、戦後55年経って戦争の傷跡が風化する中、20世紀最後の祭りを2人のナガセとの関わりで撮っておきたかったのだ。永瀬さんなじみのレストランが鉄橋のたもとにある。店主のティダ・ロハさんは、クワイ河平和寺院に土地を提供してくれた人で、永瀬さんのよき理解者だ。倉敷に訪ねてきたことも何度もある。彼女に頼み込んで、店の3階のバルコニーの「特等席」に上げてもらった。

—20世紀最後のクワイ河まつりです。

「本当に戦中派にとっては20世紀は戦争の世紀でした。私は生き延びてきたけど、若くして死んだ人も多いし、最近は私と同世代の人がどんどん亡くなっていくので、なんとも言えない気持ちです」

―もうここには戦争の面影がないですね。

「私は戦争に反対してきたし、ここで残酷なシーンも目撃しているので、こうやって派手にやっているのを見ると複雑な気持ちです。商業的な、ビジネスの世界になってしまっている。我々世代の人が少なくなって、特に泰緬鉄道に関わった人は連合軍の方も数えるほどになっているんでしょうけどね。私にとって、ここは遺跡なんですよね。だから大切にしなければいけないのに。亡くなった連合軍捕虜も東南アジアの労務者たちも、まさかこんな風になるなんて想像できなかったんじゃないですかねえ」

―これも時代の流れでしょうか？

「新しい世代が生まれてきている。だから、ここを世界遺産にしておけば、過度の商業主義も防げはしないかと思っているんですがね。時の流れだから仕方がないけれど、ここは犠牲者が静かに眠る場所であってほしいのです」

この祭りに否定的なのは佐生さんも同じだった。

「僕もまた『ナガセ』だと。同じ経験をしたわけじゃないけど、不思議なことに永瀬さんと同じ感覚なんです。さびしいですよね」

午後8時。音楽が鳴り響いて音と光のショーが始まった。しばらく戦争の歴史を説明するタイ語のナレーションが続く。むせび泣くような汽笛の音が辺りに鳴り響き、クワイ河マーチに乗って、SLが上り方向に鉄橋を渡ってきた。この日のために動態保存されているC56型機関車だ。祝いの花火が夜空を彩る。

SLの前部にクロスして取り付けられた日本とタイの国旗に永瀬さんは目を見張った。

「歴史に忠実にやっている。こりゃ面白い。だいぶ内容が変わってるぞ、4、5年前と」

実際には、1943年10月25日の開通式典に登場したC56には、日章旗のみが飾られていた。だから、これは創作だ。ただ、この2つの国旗が意味するところは大きい。当時、日本とタイは同盟関係にあったからだ。開戦直後、日本軍がタイに侵攻すると、当時のピブン首相はタイ軍に直ちに停戦を命じ、日本軍がタイ国内を自由に通過できる協定を結んだ。そしてアメリカ・イギリスに対して宣戦を布告する。

これがタイの独立と安全を守るための一時的な方便だったのかどうか。今でも論争になっているほど、微妙な問題だ。

「日章旗とタイの国旗を出したのは、ことしが初めてじゃないかな。今までは日章旗だけじゃった。つまり『日タイ攻守同盟』でやっとるわけじゃ。それをタイ側は認めたということよ」

空襲警報のサイレンが鳴り響き、爆撃機のエンジン音がこだまする。対空砲火の激しい爆発音。あちこちから火の手が上がる。連合軍による鉄橋爆撃の再現だ。ショーはいよいよクライマックスを迎える。

驚いたのは私たちのいる建物にも鉄橋との間にワイヤーが張られていて、花火がちょうど橋に向かって爆弾が飛んでいくように「ピュー」という効果音とともにぶつかっていくことだ。

花火が鉄橋に到達するとその瞬間、橋に仕掛けられていた花火がドーンと爆発する。やがて橋は崩れ落ち、戦争の終結を祝うかのように打ち上げ花火が何発も夜空を彩る。

穏やかな音楽にＢＧＭが切り替わる中、タイ語のナレーションが約45分間のショーを締めくくる。

「第二次世界大戦が最後の世界大戦になることを願います。そして この橋は戦争の悲惨さの象徴です。サワディー」

永瀬さんは笑顔になっていた。

2人のナガセがクワイ河まつりを見る

「なかなか演出がいいね。前のとはいろいろ脚本を変えて、ものすごくよくできてる。最後に花火が上がって『サワディー』って言うたじゃろ。あれは『さようなら』という意味なんじゃ。僕は『戦争よ、さようなら』という意味にとった。だからすばらしかった。本当に21世紀は戦争にさようならしてもらいたい。あまりに犠牲が大きすぎるよ。とにかく最後の『サワディー』は胸にずしんときた」

タイ語では『サワディー』はあらゆる場面でのあいさつに使われる。『こんにちは』でもあり『こんばんは』でもあり、『さようなら』でもある。確かに永瀬さんの言うとおり、渋い声の男性ナレーターがためにためて放った最後の「サワディー」には万感の思いが込められていたように思われてくるのだった。

佐生さんもこう言った。

「結局『TO END ALL WARS』と言いたいことは一緒だったのかなあと。このショーの意味はすごくある。映画の共演者にも見せたいと思いました」

会場のBGMがいつの間にかまた「クワイ河マーチ」に戻っていた。鉄橋に取り付けられたイルミネーションが、川面に映ってゆらめいていた。

永瀬さんの「遺言」

翌朝、クワイ河鉄橋を見渡せるホテルのフローティングハウスの上で、締めくくりのインタビューを収録した。

永瀬さんにタイで話を聞くのはこれが最後になるかもしれない。そう思って私は改めて戦時中から戦後にかけての話をしてもらった。

「佐生君はよく勉強していると思う。彼は歴史の真実を探ろうとしている。そういう人たちがもっともっと増えてほしいよね」

「本当にこのまま戦後処理を放置していたら、日本人は精神的には、もうすでになっているかもしれないが、葬り去られてしまいますよ。年取った人間にとっては非常に残念です。若い人たちにはもうちょっとそのことに気づいてもらいたい。まあ、私の遺言ですな、これが」

ひと通り話し終えると、永瀬さんは問わず語りにこんなことを話し始めた。

「西洋のことわざに『戦争を生き延びて、戦場に再び立つことができるほど幸せなことはない』という言葉があるそうです。憲兵隊という軍隊の中でも嫌われる部隊にいて、いろいろ嫌な経験もしたけれど、こうして何十回も戦場に再び立つことができて、私は非常に幸福なのかもしれないな。

長い人生を振り返ってみると、天の声が『お前は泰緬鉄道の後始末をするために生まれてきたんだ』と、1本のコースが見えるような気がしますね。まあ、毀誉褒貶いろいろ言われましたけど、今はもう最高。生きてきてよかったと思います」

そう言って私や山田カメラマン、木村信博音声マンに握手を求めてきた永瀬さんの目には、光るものがあった。

佐生さんにも今回の旅の印象を聞いた。

「やっぱり来てみてよかった。映画の話をいただいた時から本や写真を見ていろいろ感じるところはありましたが、来てみないとわからないことがいっぱいあって、本当に実感できました。僕は映画のおかげでいい機会をいただいて、日本にいる人には難しいかもしれないけど、少しでも映画やテレビを通じて伝えていきたい」

しかし、21世紀も人類は戦争にさようならを言うことはできなかった。2001年9月11日の同時多発テロ。報復としてのイラク戦争。映画「TO END ALL WARS」もテロの影響で公開が遅れることになる。2002年、ようやくアメリカで公開されたが、一部都市での上映にとどまった。日本では結局公開されず、「エンド・オブ・オール・ウォーズ」のタイトルでDVDが発売された。2004年4月には初めてBBCで放送された。

4章　遠かったイギリス

ラジオ事件

まだ11月の初頭とはいえ、北国の空気はひんやりと肌寒い。2001年11月5日、盛岡市郊外のホテルのロビーで、永瀬さん夫妻の到着をその人は待っていた。

「駒井です。初めてお目にかかります」

「いやいやこちらこそ…、やっぱりお父さんに似ておられる…」

この男性の名前は駒井修さん。当時64歳。

「いや何度もこちらに来ようと思って来られなくてね…」

永瀬さんが堰を切ったように話し始めた。

「お父さんは41歳で亡くなられたと聞いて、あの当時、私が25、6歳だったからね、今のあなたぐらいに見えておりました。いやもう、お父さんは捕虜を大事にしておられましたよ。だからなおさら、あんなことがあって腹が立ったんだと思います」

駒井さんの父・光男さんはカンチャナブリにあったタイ捕虜収容所第一分所の副官（大尉）だった。1943年8月、この収容所で捕虜が短波ラジオを隠し持っていたのが見つかった。その場で2人の将校が撲殺され、5人の将校が憲兵隊に連行されて取調べを受けた。これがラジオ事件である。永瀬さんが憲兵隊で尋問の通訳を担当し、水責めの拷問を目の当たりにしたあの事件だ。

光男さんは、この事件で捕虜の暴行に関わったとしてイギリスによる戦犯裁判で死刑判決を受ける。1946年3月14日、シンガポールのチャンギ刑務所で絞首刑となった。

盛岡市の駒井さんの自宅を訪ねる。仏壇には軍刀を持った光男さんの写真が飾られていた。

光男さんが勤める捕虜収容所は永瀬さんの憲兵分隊と目と鼻の先にあり、永瀬さんは憲兵と共に3日と空けず収容所に通い、捕虜と世間話などをして情報をとっていた。

現地から送られてきた写真や手紙を駒井さんは大切に保存していた。

「このバックに見えるのは収容所じゃな」

永瀬さんの記憶が次々に甦る。

「入口に衛兵所があって、入っていくと左側に事務所があった。で、右側にずうっと捕虜収容所が並んどった。それで収容所のすぐ裏を泰緬鉄道が通っとったんです。死者が出ると、捕虜が担架の上にぼろぼろのユニオンジャックをかけて歩いて行くんです。そのあとを4、5羽のハゲワシがついていく。あれは死者の匂いがわかりますからね。はっきりと覚えています」

この収容所にいたのは通信隊などに所属する技術将校たちだった。そ

駒井修さん

の知識により他の捕虜よりは優遇され、貨車や自動車の修理工場で働いていた。修理工場の担当将校の名から坂元部隊と呼ばれていた。

「今思うに、駒井さんはやりにくかったのじゃないかな。捕虜は将校がほとんどで、オックスフォードやケンブリッジ出身のインテリが多かったからね。収容所としては鉄道隊から何人作業に出せ、と言ってきても、責任上病気の者を出して死なせてはいけない。その板ばさみですよ。それでも、捕虜の駒井大尉に対する態度は非常によかったですよ。駒井さんは捕虜を大事にしていたんじゃないかなあ」

子煩悩な父がなぜ…

光男さんは職業軍人ではなかった。大学を出て、大手運送会社の大阪支店に勤務していたが、幹部候補生に志願した。学生時代、翻訳のアルバイトをしていたほど英語が得意だったため、収容所の担当にされたのではないかと駒井さんは言う。釜山で朝鮮人軍属の教育訓練にあたったあと、１９４２年タイに赴任した。

光男さんから駒井さんに宛てた手紙もたくさんあった。幼稚園児の駒井さんにわかるように全部カタカナで書かれたその文面は、子煩悩な優しい父親そのものだ。

オーチアン、　四ガツカラ　ヨウチエンニハイレテ　ウレシイデセウ。マイニチ　シロイ

エプロンヲツケテ　ヨウチエンニカヨツテイルノガ　ミエルヤウデス。ゲンキデカヨツテクダサイ。　ヨウチエンニユクトキハ　ジドーシヤ、オートバイナドガ　タクサントオツテイルノデ　マイニチキヲツケテ　ケガナドシナイヤウニシテクダサイ。ソレカラ　カラダガシンドイトキハ　イツデモスグ　オカアチヤンヤオバアチヤンニ　イフンデスヨ。ケシテ　ガマンシテハ　イケマセン。ユウベ　オーチヤンノユメヲミテトテモウレシカツタ。

「マメなオヤジでね、いつも同じようなことを書いてきているんですよ…」

　駒井さんが2歳の時に出征したため、駒井さんにはかすかな思い出とこの黄ばんだハガキだけが父を知る手だてだ。優しかった父が、なぜ…。

「駒井さんは捕虜をかわいがっていただけに、なぜこんなことをするのか、反日行為というかね、裏切られた思いがあったんじゃないかと思うな。それと、あれだけ大きな事件だから、責任をとらされたんだと思いますよ」

「やっぱり、大きな事件だったんですか？」

「そりゃあもう、泰緬鉄道の中では、憲兵隊の事件の中では最大の事件

駒井修さんの父
駒井光男大尉

ですよ」

いくら通信隊といっても、どうして監視の厳しいはずの捕虜収容所でラジオを組み立てることができたのか。永瀬さんには思い当たる節があった。

永瀬さんは1943年の元日から10日間、シンガポール駅頭でタイに向かう捕虜たちを送り出す命令伝達の任務についた。その時、私物検査をするとオランダ軍に所属するインドネシア人の捕虜の中に真空管やコイルを一つずつ持っている者がいた。「これは何に使うのか」と尋ねると、オランダ軍の将校が飛んできて「マスコットだ」と主張した。

「その頃は憲兵隊にまだ配属されてなかったからね、おかしいとは思ったけど、よくわからなかったんだ。受信機の部品をバラバラにして持ち込んでいたんじゃやな」

「戦犯の子」と呼ばれて

光男さんが処刑された時、駒井さんはまだ8歳だった。父はなぜ死んだのか、母の八重子さんに尋ねても、いつも話をそらされてしまう。

「やさしいオヤジだった、虫も殺さないような人だったよ、だけども…とそこで話が終わっちゃうんですよ。『戦死か』って聞くと返事をしない…」

しかし、父の死の意味は、駒井少年の耳にもいやでも入ってくるようになる。

「小学校4年か3年の頃かなあ、『戦犯の子ども』とか『あいつのオヤジ戦犯だ』とか聞こえてくるんですよ。あとひどいのになると『あいつらのために今日本はどん底なんだよ』。おふくろが一番泣いたと思うよ。でも一切言わなかった」

心労がたたったのか、八重子さんは1953年に亡くなった。48歳の若さだった。駒井さんは高校1年生だった。母の死後、身辺を整理していて写真などが見つかり、駒井さんは初めて父の死の真相を知った。

母が亡くなり、生活は苦しかった。父を処刑した相手を恨み続けた。

「でも、オヤジが死んだ歳を越えてからかなあ、相手にも同じ立場の人がいる、ということに気づいて、だんだん気持ちが変わってきた」

父の死の真相をもっと詳しく知りたいと思い、個人的に調べ始めた。戦友会に出席してみたり、国会議員に手紙を書いてみたりした。永瀬さんのことを知り、手紙を書いたのは十数年前だった。

永瀬さんは何度か駒井さんと手紙のやりとりはしたものの、会うことはためらっていた。あまりにつらい思いをさせるだけではないか。そう考えて、光男さんを直接知っていることはひた隠しにしていた。

2001年、駒井さんは関東学院大学の林博史教授から、光男さんが裁かれた戦犯裁判の英語の原文を入手した。そこにローマ字でMITSUO KOMAIの文字を確認し、生々しい事件の状況を知った。ラジオを隠し持っていた捕虜を殴打する命令を部下に下し、自らも殴打していた。裁判で父は罪を認めていた。

さらに、事件で重傷を負った元捕虜が存命であり、しかも永瀬さんと深い関わりがある人だったことに気づいた。エリック・ロマックス。それが彼の名前だった。

届いた手紙

1991年の秋のある日のこと。倉敷市の永瀬さんの自宅に1通の外国郵便が届いた。差出人はパトリシア・ロマックス。見覚えのない名前だった。

封を切って手紙を読み始めた永瀬さんの体は、わなわなと震え始めた。

「そうか、彼は生きていたのか…」

永瀬さんにあの1943年のラジオ事件での拷問の記憶が甦った。カンチャナブリ憲兵分隊の裏庭で、骨折した両腕を固定され、ホースで水を口に注がれて「マザー、マザー」と泣き叫びながらのた打ち回っていた捕虜の姿。

パトリシアさんはその捕虜・エリック・ロマックスさんの妻だった。

親愛なる永瀬様
私はちょうど、あなたの著書〝虎と十字架〟を読み終えたところです。
この本に、私は特に興味があります。

私の夫は、1943年8月、タイ・カンチャナブリ近郊の日本軍鉄道隊修理工場で短波ラジオを操作したことに関係して、6人の同僚と共に逮捕された英国軍王室通信隊の将校だったからです。

私の夫はまた泰緬鉄道の地図も持っていました。

彼は、あなたの著書の15ページで述べているように、ひどい拷問を受けたその人です。

（中略）

私たちがカンチャナブリを訪れるような機会があれば、どうか私の夫に会ってやってください。

あなたは彼の名前をよくご存知ですね。

エリック・ロマックスです。

（中略）

あなたは手記の中で、カンチャナブリの戦争墓地の十字架の前で、自分の罪が許されたと記されていますが、果たして私の夫はあなたを許しているでしょうか。

私はそうは思いません。どうか夫と文通を始めてやってください。

パトリシア・ロマックス

エリック・ロマックスさん

ロマックスさんは戦後、植民地省勤務などを経て、グラスゴー大学で教授を務めた。1975年、退職すると戦後初めてタイを再訪。しかし、戦争の後遺症は彼を苛み続けていた。夜中に捕虜時代の悪夢がよみがえり、突然叫びだす。怒りの感情が思うようにコントロールできない。精神科医による治療プログラムを受けながら、あのラジオ事件に関係した日本軍関係者の消息を探ろうと調査を始めた。

満足する情報がなかなか集まらない。だが、1989年10月、チャンギで一緒だった元捕虜の自宅で、彼の妻から1989年8月15日付の「ジャパン・タイムズ」の記事のコピーを手渡される。生涯の大半を泰緬鉄道の犠牲者の追悼に捧げている元日本軍通訳を紹介した記事だった。年老いてはいたが、決して見間違えることのない男の写真が大きく掲載されていた。

捜し求めていた相手をついに見つけたロマックスさんだったが、永瀬さんに連絡を取ろうと決心したのは2年後のことだった。妻の手を借りて、やっとの思いで。

手紙を受け取った永瀬さんはすぐに返事を書いた。

パティさんと
ロマックスさん

あなたの「私の夫はまだあなたを許してはいません」という言葉は、私の心臓をグサリと刺し貫きました。

やがて返事が来た。

私たち夫婦はあなたの手紙を読んで、2人とも泣きました。

50年ぶりの再会

2人の文通が始まった。それは1年半近く続き、1993年3月26日、クワイ河鉄橋を望むレストランのテラスで再会を果たした。

「私たちのしたことを、心からお詫びします」

永瀬さんが声をかけると、ロマックスさんは日本語で応じた。

「オハヨウゴザイマス、ナガセサン。オゲンキデスカ?」

近くのベンチに腰を下ろし、2人の会話は続いた。

「この50年は長かった。苦しい歳月だった。あなたのことを忘れたことはない」

やがてロマックスさんが尋ねた。

「最後に別れる時にあなたが言った言葉を覚えていますか?」

「いや、思い出せませんが…」

ロマックスさんは一語、一語、ゆっくりと永瀬さんの耳に吹き込むように言った。

「KEEP YOUR CHIN UP」

「あ、思い出しました」

あごを上げておけ、つまり元気を出してがんばれ、という意味である。


憲兵隊で何日間も尋問と拷問を続けるうち、永瀬さんにはロマックスさんに対する親密感が生まれてきていた。憲兵隊での取り調べが終わると、ロマックスさんはバンコクで軍法会議にかけられるため、カンチャナブリを去ることになった。

彼が軍用トラックに乗せられる間際に、永瀬さんは憲兵の目を盗んで、いつも捕虜たちが挨拶代わりに使っていたこの言葉をささやいていたのだ。

「私はその後、バンコクやシンガポールの監獄で日本兵にひどい仕打ちを受けた時、あの言葉を思い出してじっと耐えていたのです」

横にいたパトリシアさんも加わって言った。

「もし、あの時あの言葉を言ってなかったら、私の夫はあなたに会いにきょうここに来てはいませんよ」

永瀬さんの誘いに応じて、ロマックスさんはその足で日本を訪れた。倉敷市で桜や瀬戸大橋を見て、新幹線に乗って京都や東京も訪ねた。

東京を離れる前夜、ホテルの部屋に永瀬さんを招き入れ、2人きりになって永瀬さんにこう告げた。

「あなたを許します」

永瀬さんには納得できない気持ちもあった。永瀬さんはただ憲兵の命令に従って通訳を務めただけという思いがあったからだ。だが、ロマックスさんは、自分にとって理解できる言葉で絶えず尋問を繰り返した永瀬さんの声にこそ、苦しめられたのだった。

「最後に伊丹の空港で別れる時にね、『わたしはあなたに一度も暴力を振るわなかったのは知っていますか』と言ったら『それはわかっています』。それではもう私たちは友だちになれたんだね、と言うと『友だち以上です』と答えてくれたんじゃ」

ロマックスさんはこの永瀬さんとの再会までを記した自伝『レイルウェイ・マン』(邦題『泰緬鉄道——癒される時を求めて』喜多迅鷹　喜多映介訳・角川書店)で1995年度にイギリス『エスクワイア』誌のノンフィクション賞を受賞した。本国ではこれまでに70万部以上が売れ

エリック・ロマックスさんと永瀬さん

る大ベストセラーとなっている。

駒井さんの思い

駒井さんが永瀬さんに頼みたかったのは、ロマックスさんに自分を紹介してもらい、会って直接謝罪する機会を持つことだった。

駒井さんは1999年10月、シンガポールを妻の幸子さんと訪問した。光男さんが処刑されたチャンギ刑務所や日本人墓地公園を訪ね、手を合わせてきた。また翌2000年7月にはカンチャナブリを訪問し、犠牲者の霊を弔った。残るは、イギリスを訪問して元捕虜の墓地を訪ね、冥福を祈るとともに、ラジオ事件の唯一人の生存者となってしまったロマックスさんに会うことだった。

永瀬さんは意を決して駒井さんに会いには来たものの、気持ちは揺れ動いていた。駒井さんがあまりにも光男さんに似ていて、ロマックスさんに動揺を与えはしないだろうか。それが心配で決心を鈍らせていたのだ。

もっと大きな理由は、駒井さんが永瀬さんにイギリスへの同行を求めていたことだったのかもしれない。

特別感謝状

２００２年４月５日。永瀬さんは晴れの日を迎えていた。イギリス政府から長年の和解活動が認められ、特別感謝状を贈呈されることになったのだ。

イギリス大使館から贈呈を知らせる手紙が届いたのは、その前年の暮れだった。「クリスマスカードかな」と思い、封を開けてみるとそこには「special thanks letter」の文字があった。永瀬さんは文字通り小躍りして喜んだ。

江戸時代の街並みが残る美観地区に近い倉敷国際ホテルで、感謝状の授与式が開かれた。イギリス大使館からはスティーブン・ゴマソール大使らが出席した。日本側で目立ったのは永瀬さんの活動を支えてきた人たちの姿だった。中田武志倉敷市長らの姿もあったが、永瀬さんはこれまでお世話になった人たちと喜びを分かち合おうと、招待したのだった。はるばるタイからはクワイ河平和基金の事務局長・スワンナ・スパチャイソーンさん、東京からは斎藤和明・国際基督教大学名誉教授、あの「ナガセ軍曹」を演じた俳優・佐生有語さんもかけつけた。

美観地区は桜が満開だった。会場には日本とイギリスの国旗が飾られ、永瀬さんは黒いスーツに濃い藍色のネクタイ、佳子さんは淡い緑色の着物で晴れの式に臨んだ。

ゴマソール大使が流暢な日本語であいさつした。大使はこの感謝状の贈呈が、英国政府のみならず元捕虜の推薦で決定したことを報告した上で、こう述べた。

「皆様、きょうは永瀬様の授与式にお越しくださいまして、本当にありがとうございます。私は本日こうして、永瀬様が過去50年取り組んでこられた活動に対して感謝の意を表す機会に恵まれましたことを大変うれしく思っております。永瀬様は元捕虜と日本側の和解に向けて多大な貢献をされ、その功績は世界に広く知られております…」

大使は永瀬さんの戦争中の任務に始まって、クワイ河鉄橋での和解の再会、タイでの平和寺院の建立や奨学金の贈呈、横浜市の英連邦戦死者墓地での追悼礼拝などを紹介した。

「戦後を通じて個人としての大きな勇気と強い精神力を示されました。永瀬様の自責の念は真実であり、関係者の苦悩を和らげたいという気持ちは賞賛に値します。永瀬様はすべての活動を率先して実行され、私たちはその際立ったご尽力に心から敬意を表するとともに、深く感謝しております。ここに英国政府ならびに駐日英国大使館を代表いたしまして、そして様々なイギリスの永瀬様の友人の気持ちを込めて、感謝状を贈呈させていただきますことは、この上ない喜びでございます」

感謝状と記念品を受け取った永瀬さんがあいさつに立った。

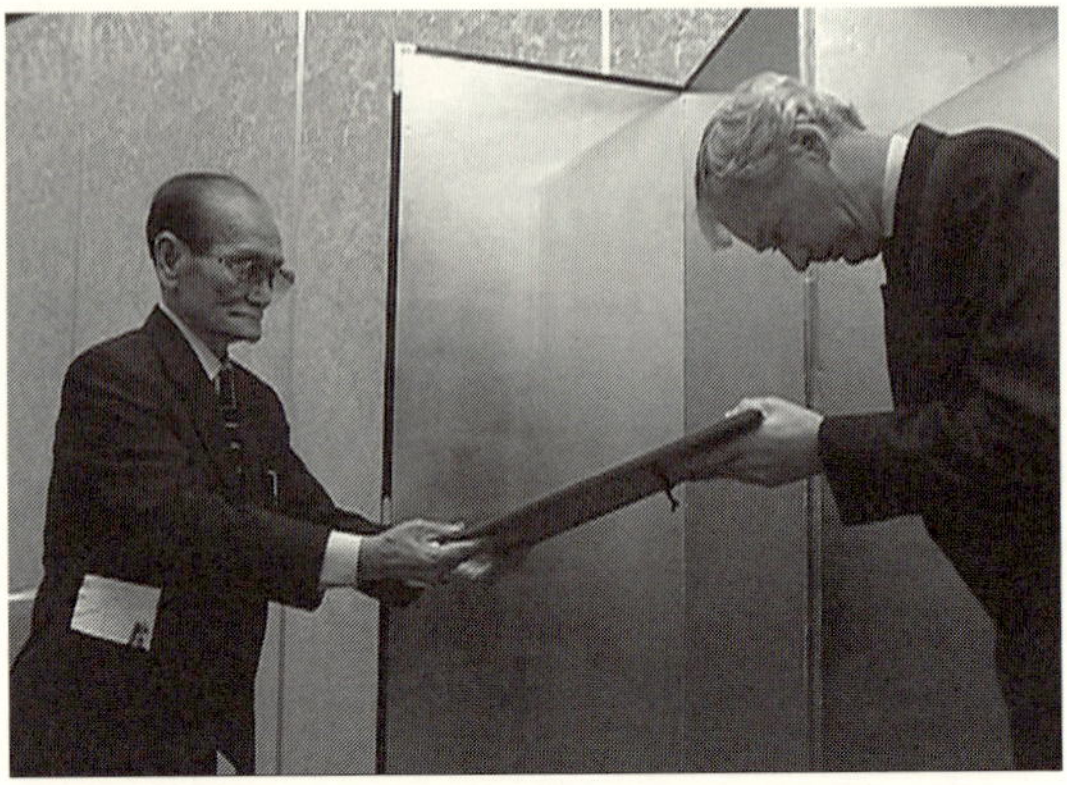

イギリス政府から
特別感謝状

永瀬さんは泰緬鉄道でイギリス人捕虜に与えた苦痛に対し改めて謝罪した。また、佳子さんや活動を支えてくれた人たちに感謝の言葉を贈った上で、こう述べた。

「どうか、イギリス国民の方に、日本の庶民は元捕虜に対して申し訳ないという心を持っていることをお伝えくださいますようにお願いいたします。私は憲兵隊という非常に悪名高い部隊におりまして、この度のような栄誉を受けるとは夢にも思っておりませんでした。生きている間はがんばっていきたいと思います」

そして、感謝のしるしとして、軍人恩給の一部を極東捕虜協会と英連邦戦争墓地委員会に献金したいとして、大使に目録を手渡した。

「親友」からのメッセージ

続いて、エリック・ロマックスさんからのお祝いのメッセージが読み上げられた。

「私たちはずいぶん古い知り合いですね。最初にお会いしたときは1943年、ショッキングな状況の下でした。あれからもうすぐ59年。時の流れは信じがたいほどです…」

ロマックスさんの温かい友情に満ちたメッセージは続く。

「あなたは本当は憲兵隊の仕事を好んではいなかったのではありませんか…?」

ロマックスさんは、あのラジオ事件でなぜラジオ隠匿が発覚したのか、今も疑問に思っていることを明かした。そして、1993年の再会について話を進めた。

「あなたは私が死んだと思っていたので、妻のパティーからの手紙が届いたときは本当に驚いたことでしょう。あなたがカンチャナブリで私に近づいて来た時のことははっきりと覚えています。何年も経っているのに、すぐにあなただとわかりました。あなたの背後には、私を尋問する小柄な男のイメージが幽霊のようにありありと浮かんでいたのです」

「それ以来、私たちは親友になりました。チュンカイ墓地を歩いていた時、パティーに『憎むことは終わりにしよう』と言った言葉を今でも強く信じています」

ロマックスさんの祝辞は次のように締めくくられていた。

「私たちは2人とも80歳を越えました。冬の寒さが身にしみ、目も見えにくくなりました。いつまでも生きてはいられません。無限の夜は近づいております。その前にぜひお会いしたいと考えております。きょうは本当におめでとうございます。『KEEP YOUR CHIN UP』という言葉を忘れないでください」

永瀬さんは出席者にこの言葉について補足説明し、こう打ち明けた。

「英語を学んだということは、戦争中はつらいことがありました。しかし、今こうやって表彰されまして皆さんの前に立ち、英語を勉強していてよかったと思っております」

式は滞りなく終わり、記者が永瀬さんを取り囲む。

「これで私は陸軍通訳としてのプライドを持って死ぬことができます。そのことが一番うれしいです。生涯で一番の日です。泰緬鉄道の後始末をすることが私の務めだと思ってやってまいりましたので、それが成就したようです」

ゴマソール大使は、義父が元捕虜だったことを明かした。そしてこう述べた。

「日本においては、第二次大戦の歴史についての理解が薄い面がありました。だから、永瀬さんのように真実を掘り出し、人々に知らせる活動に深く敬意を表します。永瀬さん夫妻の活動とそれがメディアを通じて世界の人々に広く知られるようになったことが、両国間の人と人の和解に大きく貢献したのです」

それは率直かつ重い指摘だった。

日英和解への動き

この感謝状贈呈式には、遠くイギリスから年老いた旧日本軍人が参加していた。元丸紅ロンドン支店次長の平久保正男さんだ。平久保さんはインパール作戦に参加し、ビルマで英軍と戦った経験を持つ。平久保さんはイギリスの退役軍人と語り合う活動を80年代に開始。91年にはビルマ作戦同志会を設立。日英軍人による合同慰霊祭を挙行するなど、日英の架け橋となるべく奔走した。

日英双方が和解に向けて動きを加速させたのは1990年代後半のことだ。村山内閣の成立がきっかけだった。1998年1月には、橋本龍太郎首相（当時）が英国の大衆紙・サンに謝罪広告を掲載した。佳子さんは長年にわたって橋本後援会の婦人部長を務めていた。謝罪の手段に大衆紙を選んだことに反発する元捕虜もいた。だが、橋本首相が佳子さんと永瀬さんの活動に接して、捕虜の受けた苦痛に対する理解を深めていたことが背景にはあったと言えるだろう。

2002年は日英同盟100周年だった。この前年からイギリス全土で、日英交流事業「JAPAN2001」が展開された。2000年11月には英国政府が日本軍の元捕虜とその配偶者に対して1万6000ポンドの特別慰労金を支給した。2002年には日本各地で日英同盟100年を記念して植樹や英国庭園が整備された。

1998年の橋本首相の謝罪広告は、同年5月に予定されていた天皇訪英に向けて元捕虜や遺族の気持ちを和らげておく狙いがあったようだ。

5月24日、バッキンガム宮殿に向かう天皇・皇后の馬車が通りかかると、通りを取り囲んだ元捕虜たちは一斉に背中を向け、抗議した。

「女王陛下のお客様を無礼に出迎えてはならない」と節度を持って抗議の意思を表すとした元捕虜たちが多数を占める中、日の丸を焼いて抗議した男がいた。

2002年の秋、永瀬さんはその「日の丸を焼いた男」の訪問を受けることになる。

日の丸を焼いた男

10月17日、永瀬さん夫妻は新幹線で広島市へ向かった。「日の丸を焼いた男」に会うためである。約束のホテルのロビーに着く。所在なさげにその男性はソファーに座っていた。

ジャック・カプランさん。1915年、スコットランド・グラスゴー生まれ。最初は永瀬さんのことをテレビクルーの1人（！）と勘違いしていたが、あのナガセだとわかると、

「COME！」と叫んで永瀬さんをしっかりと抱きしめた。

「私たち元捕虜にとって、あなたは『伝説の人』なんです」

「おお、ありがとうございます」

永瀬さんもさすがに「LEGEND」（伝説の人）と呼ばれて照れくさそうだ。

カプランさんの傍らには1人の日本人女性がいた。高尾慶子さん。ロンドン在住のエッセイストだ。彼女こそ、「日の丸を焼いた男」に来日を決心させた立役者だった。

イギリスから元捕虜やその家族を日本に招く活動をしているアガペというグループがある。イギリス在住の恵子・ホームズさんが主宰する。

ジャック・カプランさんと感激の対面（後方が高尾さん）

ホームズさんは三重県紀和町の出身で、イギリス人ポール・ホームズさんと結婚後、1979年渡英。1988年、故郷の町に帰省した際、第二次大戦中に入鹿地区で亡くなったイギリス人捕虜の墓が美しく整備されていることを知り、元捕虜との和解活動に乗り出した。そして、1992年に入鹿地区で働いていた元捕虜たちを紀和町に招く第1回目の「心の癒しと和解の旅」を実現。その後も企業や日本の外務省の協力を得て「心の癒しと和解の旅」を続けてきた。

戦後すっかり変わった日本の生の姿を見てもらい、過去のわだかまりを解消してもらおうというのが旅の目的だ。

恵子・ホームズさんのところに初めてカプランさんから電話がかかってきたのは、1998年5月の天皇・皇后訪英の数週間後のことだったという。カンタベリーの自宅をホームズさんが訪ねて彼の言い分を聞いたり、アガペの活動について話したりしたところ、彼は日本に行くと言い出したという。だが、カプランさんが実際に来日を果たすには、4年の歳月が必要だった。「日の丸を焼いた男」に日本の土を踏ませるな、という動きが日英双方にあった。何より、彼自身の心の迷いが理由だった。

そこで登場したのが高尾さんだ。カプランさんはユダヤ人だ。高尾さんは「日本のシンドラー」と呼ばれる杉原千畝のことをカプランさんに話した。そして、「ナガセに会ってみないか？」とダメを押したのだった。こうして「2人のケイコ」の力で日本行きが実現した。

青空の平和教室

堰を切ったようにカプランさんは自らの体験を話し始めた。1960年に出版した体験記を永瀬さんに示しながら。

「戦争から帰ってから、体の具合がずっと悪かった。マラリアにかかっていたし、お金もなかった…。私は基本的に静かな男だが、ジャングルでの恐ろしい体験を思い出すと、激情が押し寄せてくるんだ」

カプランさんは鉄製の貨車に詰め込まれてシンガポールからタイに運ばれた。王立通信隊の所属だから、エリック・ロマックスさんと同じだ。働いたのは奥地のキンサイヨーク地区やカンチャナブリ地区だった。コレラが発生し、トラの襲撃にも怯え続けた。

ネズミが死人を見つけるとすぐに取りつくこと。そして水責めの拷問…。

昼食のあと、永瀬さんとカプランさんはホテルに近い平和公園に出かけた。天気のいい日で、公園は修学旅行生であふれていた。

日本人と西洋人の老人というちょっと変わった組み合わせに引率の先生の1人が気づいた。奈良からやってきた小学6年生だった。青空の下、

「日の丸を焼いた男」
ジャック・カプラン
さん

即興の平和教室が始まった。高尾さんが説明する。

「この人たちは戦争中、戦った敵同士だったの。でも、死ぬまでに仲直りしようと決めて、57年目に会うことにしたんです」

「平和ってどういうことですか？」一人の児童が訊くと、カプランさんはこう答えた。

「平和というものはね、音楽のようなものなんだ。幸せな気持ちになれて、心地よいでしょう…？」

公園のベンチで仲良く座った2人は、昔からの親友のようだった。

頃合いをみてインタビューをお願いすると、「子供の頃から、自分はむしろ日本に好意を持っていた」とカプランさんは言う。

「戦争が始まっても、自分はドイツには敵意を持っていたが、日本には憎しみは持っていなかったんだ。私はユダヤ人だからね。ナチスによるユダヤ人虐殺が軍に志願した理由だった。同胞を殺し、故郷の町に爆弾を落としたドイツをやっつけろ、ってね」

しかし、カプランさんが戦うことになる相手はドイツではなく、日本だった。

「戦争が終わった時、生存者はまるで骸骨のようだった。フィルムで見たことがあるでしょう、生ける屍だ。日本が我々捕虜に何をしたのか、という何よりの証拠だ」

「だが、強調しておきたいのは、我々は『アンチ日本政府』であって、『アンチ日本国』ではないということだ。政府と日本の国民とははっきりと区別している」

日本を訪れてみて驚いたのは、人々の親切さや街の清潔さだった。

「礼儀正しいし、親切な人ばかりだね。昔の日本人はどなってばかりいたんだが…。私は完全に日本に対する意見を変えたよ。ただ、民主的な国家として、元捕虜に対して政府には正当な謝罪を求めたい」

この訪問から1年3ヵ月後の2004年1月、カプランさんは天国へと旅立った。

クラウディア夫人を訪ねる

2008年7月、私はイギリス・カンタベリーにカプランさんの妻クラウディアさんを訪ねた。フランス生まれのクラウディアさんに、亡夫の肖像マスクが飾られたリビングで話を聞いた。

クラウディアさんは、カプランさんが焼いた日の丸は、夫に求められるまま自分が作ったと打ち明けた上でこう言った。

「夫はあんなことをすべきじゃなかったのです」

クラウディアさんも夫の変わりように驚いたのだろう。カプランさんに続いて、自らも息子と日本を訪問した。

「日本に行ってから、夫は本当に日本が好きになったんです。夫にとっても、わたしにとっても、本当にすばらしい体験でした」
彼女の飼っている猫には「ミツビシ」という名前がつけられていた。

怒れる元捕虜

この訪英時、私は対日強硬派と言われるアーサー・ティザリントンさんの自宅も訪ねた。オックスフォード郊外の美しい町に、彼は住んでいた。

ティザリントンさんは日本強制収容所生存者協会の会長だ。台湾の金瓜石鉱山で強制労働に就かされたことに対し、1995年、日本政府を相手取り2万2千ドルの賠償と謝罪を求めて提訴した。1998年に1審の東京地裁で敗訴すると、会見で「この国に正義はない！」と机を叩いて抗議した。

彼の書斎には日本文化に関する書物が多数あり、着物も飾られていた。なぜ日本軍は捕虜を過酷に取り扱ったのか、探求していた。彼は「民間での謝罪・和解は済んでいる」と言い、一貫して「政府による意味のある方法での謝罪」を求め続けている。このため、アガペの活動に対しては、責任の所在をあいまいにして、政府の免罪符として利用されていると批判的だ。

アーサー・ティザリントンさん

「日本政府は、一度も元捕虜に謝罪していません。『謝罪』の代わりに使うのが『遺憾』という言葉です。『遺憾』というのは我々元捕虜が使うべき言葉ですよ」

そしてパーキンソン病で震える手を押さえながら、こう言った。

「あなたたちの考えはお見通しだ。時間があなたたちに味方してくれる。我々はそのうちこの世からいなくなる。そしたら面倒なことを言う連中は消えてなくなるってね」

別れ際、彼は皮肉たっぷりにこう付け加えた。

「これまでにも日本のメディアの取材を受けたが、それで何かが変わったかね？　あなたの放送はどんな力になってくれるのかな?」

ティザリントンさんは2010年秋、帰らぬ人となった。

駒井さんの訪英

2001年11月以来、駒井修さんは永瀬さんからの返事を待ち続けていた。しかし、駒井さんの念願がかなったのは、2007年6月、BC級戦犯の問題を扱ったテレビ番組の取材の力を借りてであった。

この年の8月、横浜市の英連邦戦死者墓地での追悼礼拝に例年通り姿を見せた駒井さんは、満面の笑みを浮かべながら私に駆け寄ってきて言った。

「行ってきた！　イギリスに行ってきた」

駒井さんが持参した写真には、自宅で駒井さんと握手するエリック・ロマックスさんの姿が写っていた。

遠かったイギリス

永瀬さんがイギリス本国を訪れることは結局なかった。大きなチャンスは何度かあった。1995年、『レイルウェイ・マン』がノンフィクション賞を受賞した際、エスクワイア誌が受賞パーティーに招待した。2005年には高尾慶子さんがイギリス側の受け入れを手配して準備を進めていた。

なぜ、イギリスには行かなかったのか。尋ねてもいつも言葉を濁してしまう永瀬さんがいた。ある時、佳子さんはあっさりとこう言った。

「きょーてー（怖い）からじゃろ」

永瀬さんは日本軍の代表として自身が扱われることに対して敏感だ。とりわけ、日本軍の残虐さのイメージを背負わされることに対しては、強い拒否感を持っていた。イギリスには今なお強硬な主張をする元捕虜も多い。そのことがイギリスから足を遠のかせたのかもしれない。

「永瀬さんにとってはタイへの巡礼、自分を救いたいという目的こそが第一なんじゃないですか？」

こう指摘したのは、私の相棒・山田寛カメラマンだった。

2008年7月、駒井さんから約1年遅れて渡英した際、私は当然ロマックスさんにも取材を申し込んだ。永瀬さん夫妻はもとより、日英双方の知人などを介してお願いしたが、面会はかなわなかった。「心臓の手術を受けたこともあり、心静かに暮らしたい」とのことだった。

納得しきれない思いでいた私に、別の理由を打ち明けてくれたのはシェフィールド大学の東アジア研究者ジル・ゴダードさんだった。ジルさんは何度も倉敷を訪れていて、永瀬さんとも親しい。

彼女によれば、ロマックスさんは先に駒井さんの訪問を受けた際、同行してきた若いカメラマンが助手に高圧的に命令するのを見て昔の記憶が甦り、パニックに陥ったのだという。いかに元捕虜の心の問題がデリケートなものか、改めて思い知らされた。

最後にロマックスさんに送ったFAXの中で、私は何度も重ねてお願いをした非礼を詫びるとともに、「永瀬さんがイギリスに行かないのは臆病だと言う意見があるのだが、どう思うか?」と率直に質問してみた。ロマックスさんは「あなたのような理解者がいることは永瀬さんにとってすばらしいことだ」と丁寧な返事をくれた。そして、手紙の最後には

ロマックスさん訪問を
報告する駒井さん

1行空けてシンプルにこう記されていた。

「私は永瀬さんを勇気ある人だと思います」

5章　最後の巡礼

クワイ河を見下ろす銅像

２００6年2月19日は永瀬さんの88回目の誕生日を翌日に控え、記念すべき日となった。タイ・カンチャナブリに永瀬さんの銅像が完成したのだ。朝から永瀬さんは興奮と喜びを抑えられない様子であった。

「来る時、風邪を引いとったでしょう?　だから苦しい。だけどきょうは晴れの日だからニコニコしとかないといけんじゃろ、はっはっは」

銅像はＪＥＡＴＨ戦争博物館の敷地内、クワイ河に面した場所に1年がかりで完成した。濃い青銅色でほぼ等身大だ。高さ1メートルほどの台座の上に、河に向かって建っている。

会場に着くと、すでに大勢の人が集まっていた。スワンナさんやハタイカンさんらおなじみの顔に、制服姿の奨学生たち。10人ほどの僧侶。国会議員などＶＩＰの面々。全部で１０0人ぐらいいるだろうか。たまたま居合わせた観光客も、今から何が始まるのだろう、と興味津々だ。

銅像にはエンジ色のカーテンが掛けられていて、まだその表情は見えない。出来栄えはどうですか?と尋ねると永瀬さんは「まあ、よく似とるんじゃ、いやになっちゃう」とおどけて言った。

除幕式が始まった。だが、永瀬さんの隣に佳子さんの姿はなかった。

「うちのおばさんに幕を引かせたかったんじゃけどな…」

佳子さんの異変

佳子さんの体に異変が起きたのは、その前年、2005年の暮れのことだった。予兆はあった。10月28日、東京で読売国際協力賞の授賞式があった。佳子さんは着物を一分の隙もなく着こなして永瀬さんとともに晴れの場に臨んだ。だが、その時「ちょっと熱があるんじゃ」と体の異変を訴えていたのだ。その後も微熱が続き、手足がむくむ。病院で診てもらったところ、病名がわかった。C型肝炎だった。

「わたしはなあ、手足がむくんどるのを太っているせいじゃと思うとったん。それで気づくのが遅れてなあ」

そう言って佳子さんは悔やんだ。

若い頃受けた輸血が原因かもしれないが、はっきりとしない。しかし、症状はすでに肝硬変に進行しようとしていた。年明けに市内の病院に入院。以来、入退院を繰り返す生活を送ることになる。

佳子さんの「代役」を買って出たのは、橋本龍太郎元首相の夫人・久美子さんだった。「橋龍の選挙は奥さんでもっている」そう地元で噂されるほど、久美子さんの存在は大きかった。

元留学生の代表が祝辞を述べる。

「お父さんのおかげで、みんな卒業後も良い仕事に就くことができ、素晴らしい人生をお父さんからいただきました。タイの人たちのためにこのような善行を施して下さいましたお父さんへのお返しとして、わたしたちは愛情と感謝の念を込めて、お父さんをお慕いする証として銅像を建立させていただきました」

この銅像は、永瀬さんにお世話になったタイの元留学生や元奨学生がお金を出し合って建てたのだった。すでに涙ぐんでいる永瀬さん。今度は橋本久美子さんがあいさつに立つ。

「わたしは先生のお隣に座って、佳子夫人のことをずっと思っておりました。病気が良くなってぜひこちらへご夫妻で来ていただけることが近いことを願って、感謝とお礼の言葉とさせていただきます」

続いて、除幕に入る。綱を引くのは、永瀬さんと久美子さん、スワンナさん、ワット・チャイチュンポーンのトムソン師、それに国会議員のモントリワットさんだ。

読経の中、銅像を覆っていた幕が取り払われ、永瀬さんの銅像が姿を見せた。なるほど、なかなかよく似ている。

—永瀬さん、おめでとうございます

「ありがとう。なんとも言えないや。ウチのおばさんがおらんのが一番つらい」

永瀬さんがお礼の言葉を述べる。

「こんな栄誉を88歳でいただくとは、本当に思いもよりませんでした。これも皆様が私にいろいろご援助くださったおかげだと思います。感無量でなんとも言えません。ただ、あの銅像を見まして、私が死んだ後も私の魂はあそこへ戻って、好きなクワイ河を見下ろしていると思いますと、半分安心したような気がします。ありがとうございました」

さらに永瀬さんは英語であいさつさせて欲しい、と断ってこう続けた。

「世界中のどこに、自分の国を攻めに来て負けて帰る国の兵隊に、米や砂糖を与える国があるでしょうか。タイ国だけです。タイ国は世界でもっとも温かな心を持った国です」

銅像の台座の正面には、英語とタイ語でこう刻まれている。

「親愛なるクワイ河よ、友情よ、永遠に」

泰緬鉄道を世界遺産に

翌日、永瀬さんは橋本久美子さんとともにバンコクのタイ政府観光庁を訪ねた。

泰緬鉄道を世界遺産に、と陳情するためだ。

「タイの政府がよくご判断いただきましてユネスコにご推薦いただけましたら」

永瀬さんは元捕虜からの推薦状などを示して、熱心に説いた。

「先生の目標が達せられたらという思いでわたしもご一緒させていただきました」

久美子さんも応援する。

対応したジャーブル・パナノン部長は「外務省や諸外国にも働きかけたい」と前向きな姿勢を見せた。

月日は流れて

月日の経つのは早く、残酷でもある。佳子さんの病状は回復のきざしを見せなかった。C型肝炎は完治が困難な病気だ。やがて肝硬変や肝癌に至る。厄介なのは肝機能の低下で血液中のアンモニア濃度が上がり、脳が機能障害を起こす肝性脳症だ。

佳子さんは何度か昏睡状態に陥り、病院に担ぎ込まれた。こうして、入退院を繰り返す生活から病院に留まったままの生活に変わっていった。また、肝臓内に生じた腫瘍を除去する手術も受けた。

その必然的な結果として、永瀬さんは1人で過ごす時間が長くなっていった。そのことが永瀬さんの衰えを助長していったことは否めない。

2007年8月の横浜での追悼礼拝。永瀬さんは振り絞るような声で訴えた。

「来年、私はここに来ることはできないかもしれません。しかし、どうか私がいなくなっても、この催しが永遠に続きますように。そして、私がここにいなくても私の心はいつもここにあります…」

2007年11月、133回目のタイ訪問から帰国した永瀬さんを自宅に訪ねた。マイクを向けると灰色のセーター姿の永瀬さんは開口一番、思いがけないことを口にした。

「もうタイ国には2度と行かない。体がえらい（苦しい）ですよ」

そして、これからはもう1度英語塾での子どもの教育に力を入れたい、と続けた。

私は「また気まぐれでおかしなことを言い始めたなあ」と思った。

全盛期には倉敷市内に4つの教室を抱えるほど繁盛していた英語塾も、近年は、どうしても、と請われた教え子の子息たちである数人の中学生が通っているに過ぎなかったからだ。

「永瀬さんはそうおっしゃるけど、またきっとタイに行きますよ」と私は言った。

「まあ、そうかもしれんなあ」永瀬さんも笑った。

89歳を超えた永瀬さんに認知症の症状が出始めていることに、その時私はまだ気づいていなかった。

追悼礼拝であいさつする永瀬さん（2007年）

永瀬さんの衰え

明けて2008年。2月20日は永瀬さん90歳の誕生日だ。誕生日はタイで過ごすことの多かった永瀬さんが、この年は日本にいた。倉敷市中心部に近い大島という所に4階建てのアパートがある。倉敷の町によく似合うように、白壁模様のデザインを外壁にあしらった外観が特徴だ。英語塾での収入などを元に、かつて永瀬さんが建てて所有していたアパートだ。自宅はその北隣にあり、英語塾「青山英語学院」が敷地内のプレハブで営まれていた。

10年ほど前にアパートを売却してしまい、5年前に自宅も売却した永瀬さんは、以来アパートの2室を自宅と塾として使うようになっていた。年が明けるころから、永瀬さんはこの部屋でじっと過ごすことが多くなっていた。

「時代劇をみるぐらいしか楽しみがないんじゃ」

朝昼夕と、近所の喫茶店などで食事をする以外は、部屋のベッドでゴロ寝をする日々。電話は部屋に付いているが、耳が遠くなったせいか、億劫なのか、なかなか連絡がつかず、訪ねてみて窓をたたいて、やっと無事を確認するといった状態だった。

誕生日のお祝いと心境を聞こうと訪ねると、行きつけの喫茶店の前に永瀬さんは愛用の電動自転車でやってきた。

「永瀬」というのは実は旧姓で、佳子さんの家に養子に入った永瀬さんは「藤原隆」が戸籍上の名前だ。永瀬隆はいわばペンネームである。佳子さんの実家（今では永瀬さんの自宅でもある）は倉敷市西阿知町にある。茶室まで備えた立派な日本家屋は、この地の特産品・い草製品の製造に機械化を導入した佳子さんの父・恒三郎さんが建てた。

その藤原家に届いた手紙を私は携えていた。

必ず誕生日に届くバースデーレター。イングランド北部の町・ベリック・アポンツイード在住の手紙の送り主は、永瀬さんにとって終生の友人である、エリック・ロマックスさん。

だが、永瀬さんはその無二の存在である友人からの手紙を受け取ると、中身を確かめようともしなかった。

「きょうはとにかくえれえ（体が苦しいこと）んじゃ。申し訳ないんじゃけど、また今度にしてくれるか」

そう言い残すとまた自転車にまたがり、くるりと背を向け、自宅の方に帰っていった。そのふらふらとした運転ぶりはいかにも危なっかしかった。

長年取材してきて、永瀬さんが取材を拒んだのはこれが初めてだった。永瀬さんはメディアに自分が取り上げられることをとても大事にしていた。それがある人たちからは「売名行為だ」と陰口をたたかれる理由になったとしても、訪ねてくる記者や講演依頼はたいてい歓迎した。自分の活動を世に知ってもらいたい、自分のメッセージが少しでも世に届くことが平和のために役立つ、そう確信しているように思われた。それだけについにこういう時が来たのか、と鈍感な私もさすがに気づかずにはいられなかった。

「きょうは2分とVTRが回りませんでしたね」

山田カメラマンが寂しそうにつぶやく。

「もう本当にタイには行けないのかもしれないね」

私も応じ、なんとも重い気持ちを抱えて倉敷をあとにした。

季節が変わり、4月の半ば。入院している佳子さんの見舞いにやってきた人たちがいた。クワイ河平和基金の事務局長スワンナ・スパチャイソーンさんと息子のキッタウィートさん。それに多田チャニントンさんの3人だ。スワンナさんとチャニントンさんはともに永瀬さんのもとへ留学してきた学生だった。

永瀬さんがタイからの留学生の受け入れを始めたのは1965年のことだった。スワンナさんは1970年に、チャニントンさんはその1年後に日本にやってきた。堂々たる体格、中国系の血を引くスワンナさんはパタヤビーチでホテルやコンドミニアムを手広く経営している。キッタウィートさんと2人の娘はそれぞれイギリスや日本に留学した。

一方、チャニントンさんはバンコクの名家の出身で、看護の勉強のため岡山に留学した。しゃべり好きで、その場の雰囲気を瞬時に明るくする雰囲気と性格の持ち主の彼女は日本でモデルをしていたこともあるらしい。麻酔科医の夫・多田恵一さんが岡山大学の学生だった時代に知り合って結婚した。現在、広島日タイ友好協会の理事を務めており、多忙な毎日だ。

佳子さんは病院に外出の許可を取り、倉敷駅前のホテルで食事をすることにした。

佳子さんを病院で車に乗せ、ホテルに向かう。立体駐車場に車を停め、待ち合わせたレストランに着くと、すでに3人が待っていた。

しばらく昔話や近況報告に話がはずむ。

「おかあさん、またタイに来てください」

スワンナさんが言うと、

「そう思うてがんばりよんじゃ」

佳子さんが応じる。

最後の巡礼へ

その後、私たちは共に市内の自宅アパートにいる永瀬さんを訪ねた。この日、体調がよかったのか永瀬さんは饒舌だった。そして、突然私に向かって言った。

「わしはタイに行くぞ。6月にはクワイ河平和基金の奨学金授与式があるからな。(タイの)子どもたちが待っとる。満田君も行くじゃろ?」

そう問われると、もうこう答えるしかない。

「そりゃ、行きますよ」

こうして、永瀬さんの最後の巡礼の旅と同行取材が決まった。と言っても、会社の許可は得られるかどうかまったくわかっていなかったのだが。

そして、6月。出発前から、いろいろとややこしいことが起きていた。永瀬さんがタイを訪問する際、利用する旅行代理店はいつも決まっている。地場の小さな代理店だが、そこの社長と永瀬さんは随分古い付き合いだ。ところが、今回はいつもと違う旅行代理店に航空券やホテルの手配を頼んでいた。なぜだかはよくわからない。おそらく、散歩か食事に出た途中で偶然見かけて、そのまま予約したのだろう。タイに到着後、バンコクで2泊する日程になっていたのだが、いくら疲労が心配だといっても、2泊は余計だ。カンチャナブリこそが永瀬さんの目的地だからだ。だが、旅行代理店の担当者に尋ねると「永瀬さんがそうおっしゃったものですから…」といささか困惑した様子だ。困ったことに、永瀬さん自身は自分がどのように旅行の手配を依頼したのか、覚えていない可能性が高い。

「こんな時、佳子さんがいたらなあ…」

私と山田カメラマンはどちらからともなく言い合った。永瀬さんのタイ訪問には、泰緬鉄道に関心のある人や元兵士などが同行を希望するケースが多い。それらの人々やタイの訪問先などにいつも細やかな配慮をするのが、佳子さんの真骨頂だった。華道や茶道の教室を開くかたわら、橋本元首相の後援会婦人部長を長く務めた佳子さんは姉御肌というのがぴったりの人柄で、永瀬さんの活動はそのほとんどが佳子さんによって支えられていたと言っても過言ではない。

しかし、残念ながら今回も佳子さんは留守番となってしまった。

4月にスワンナさんたちが来日した頃は状態がよかったのだが、その後アンモニア濃度が危険水域に入り、タイ訪問は断念せざるを得なくなった。

「わしより先に死なれたら困る」これが永瀬さんの口癖だった。

「わたしは、行きたいと言うとったんじゃけど、先生（永瀬さん）がやめてくれ、と言うから…」

病院のベッドで、佳子さんは無念そうだった。

出発の2日前、永瀬さんといっしょに食事をした際、帰りの車の中でカメラを向けた。最後の巡礼を前に心境を聞いておきたかったからだ。だが、この時、永瀬さんの答えはどこかちぐはぐだった。自宅アパート前に着いても「ここはどこじゃ？」と聞く。心配していた以上に、認知症が進んでいるように思われた。

「これは大変な旅になりそうだ…」私は覚悟を決めた。

出発の日、佳子さんは久しぶりにタイシルクのスーツに身を包み、ＪＲ岡山駅まで見送りにやってきた。

「気をつけて…」

そう言って手を振る佳子さんはいつになくはかなく、頼りなさそうに見えた。

134回目のタイ巡礼

翌日、２００８年６月17日。関西空港をほぼ定刻に飛び立ったタイ航空６２３便は順調に南西に向かっていた。

「これが本当に最後になるのか…」エコノミー席にいる私は、何度も機内前方のビジネス席にいる永瀬さんのことを思った。

私は隣にいる相棒・山田寛カメラマンに「そろそろ行ってみようか」と声をかけた。

ビジネスクラスの大振りなシートに深く身を預けた永瀬さんは、いっそう小さく見えた。身長１５８センチ、体重は45キロ足らず。これは戦争当時とほとんど変わっていない。この小柄な体ゆえ、永瀬さんは兵役検査に落ち、陸軍通訳を志願した。

３年前、佳子さんが入院して以来、あまり気を遣わなくなったせいか、かつては染めていた白髪頭は真っ白で、ヘアスタイルも乱れがちだ。顔に深く刻まれたしわと相まって、永瀬さんは一層老け込んだように見える。

私たちはキャビンクルーに撮影の許可を求めた。放送取材用の大きなENGカメラはこちらがひっそりと行動しようとしても目立つ。キャビンアテンダントは「これから食事を出すからそれが終わるまで待ってください」と言った。私は少しほっとした。当然、離着陸時の撮影は厳禁だが、航空会社によっては、事前の許可がないと水平飛行中でも撮影を認めないケースもあるからだ。

幸いなことに、微笑みの国のナショナル・フラッグ・キャリアは、面倒なことは言わなかった。そして、30歳前後と見られる女性キャビンアテンダントは、この老人がどういう人物なのか知りたがった。カンチャナブリ県で名誉県民となっている永瀬さんだが、さすがに彼女にそこまでの知識はなく、私が手短に永瀬さんの人となりを伝えると、彼女は興味を持ったようだった。彼女の妹が日本語を勉強していると聞き、私はインターネットでの検索を薦めた。

これが永瀬さんにとって134回目のタイへの巡礼の旅だ。一口に134回と言うが、大変な回数である。そしてこれが最後になるであろうことは、10数年永瀬さんを見てきた私には、間違いないように思われた。

機内で永瀬さんは静かに眠っていた。目を覚ますのを待って、マイクを向ける。

「今、どんなことを考えていますか?」

「（戦争当時）どうやってタイまで行ったのか、今思い出しているところ。それがどうしてもよく思い出せないんだ。まあ、現地に着けば記憶がいろいろ蘇ってきて、少しずつ思い出すと思いますけどね」

タイに行くと、永瀬さんはとにかく元気になる。もっともこれは永瀬さんに限らず、多くの戦争体験者がそうであるようだ。自分が若い頃の感覚がよみがえってくるからであろうか。とりわけタイを「第2のふるさと」と考える永瀬さんにとっては、タイ訪問は心と体の両方を癒す特別な儀式でもある。そしていつでも歯切れよく、よく通る声でしゃべる。これはいつでも変わらない。入れ歯がないとちょっと怪しくはなるのだが。

空港に着くと、永瀬さんは車椅子に座った。新しいスワンナプーム空港はあまりに広い。迎えに来てくれたスワンナさんの息子・キッタウィートさんと合流する。

タイは、例によって雨季であった。空港を出てしばらくすると土砂降りのスコールとなった。

「こういう降り方は日本にはなかろう。だから1万3000人も捕虜が死んだんでしょう。ろくなテントもなかったしなあ」

「とにかくウチのおばさんと何度も何度も来たんじゃから。これが見納めじゃから、よう見とくようにせんといけんが」

薄れゆく記憶

6月19日、永瀬さんと一緒にカンチャナブリに向けて出発だ。ぴったりと付き添ってくれるのは、元留学生のウィテープ・チョーブチャイさんだ。彼は1968年に倉敷工業高校に留学し、そのまま岡山理科大学に進学した。卒業後はバンコクの日系ゼネコンに就職し、地下鉄工事などに携わった。前年に退職したこともあり、ずっと同行してくれるというから心強い。

ワゴン車の中で、私は永瀬さんの最後の巡礼の言葉を記録しようと努めた。

戦争当時の話を聞きだそうと質問するのだが、話が今1つ噛み合わない。たとえば、「最初、タイに来た時はどんな様子でしたか?」と質問したとする。取材者が期待する答えは捕虜収容所での捕虜の様子だったり、建設中の鉄道についての話だったりするわけだが、永瀬さんの答えは「どうじゃったかなあ…ぱっと思い出せんなあ。いろんな昆虫や鳥がいっぱいおったんじゃ。とにかく物珍しくて色々なものばかり見ておった」こんな調子だ。

それでも、これまで聞いたことのなかった話もボツボツ出てくる。

「とにかく、軍の仕事をしなければいけん、という気持ちじゃった。他のことは考えてなかった。兵隊はみんなそうじゃ」

そして、もちろんキーとなる話は断片的ではあるが、ちゃんと出てくる。

「戦争が終わって1万3000人の捕虜の遺体をチェックして、初めて日本軍のやっていることに気づいたわけじゃからなあ」

カンチャナブリの駅に着き、鉄道に乗ってもらうことにする。永瀬さんはタイに来る度に列車に乗るわけではない。最近では、乗らない時の方が多いだろう。それでも、最後の旅に、「泰緬鉄道」に乗っておきたい。永瀬さんのそんな気持ちと、取材する側の願いが一致したわけだ。

「随分きれいになったなあ。前はこんなのじゃなかったじゃろ?」

座席に着くと永瀬さんは驚きの声を上げた。私が知る限り、車両は少なくともこの10数年は変わっていない。木製の堅い座席もそのままだ。永瀬さんが言う「前」がいつのことを指すのか、定かでない。

カンチャナブリ駅を出ると、5分もしないうちにクワイ河鉄橋だ。

「Bridge on the River Kwai　戦場にかける橋じゃが、これが。もう乗れると思わんかったから、なつかしいわ」

私が驚いたのは、列車の乗り心地が以前と比べて著しく悪化していることだった。スピードを上げると、ものすごい突き上げと振動。そして騒音。素人考えだが、レールのメンテナンスが悪いのではないか。これが永瀬さんの体にこたえたようだった。終点のナムトク駅までは耐えられないと判断し、アルヒル桟道橋を過ぎた所にあるターマカセ駅で途中下車する。

テレビカメラを伴った永瀬さんに観光客が注目する。ぐったりした永瀬さんが駅のそばのレストランで休憩していると、日本人の中年女性のグループが話しかけてきた。

「ひょっとして、あの銅像の方でしょうか?」

聞けば、JEATH戦争博物館を見学してきたばかりだという。一緒に写真を撮っているうちに、ようやく永瀬さんに笑顔が戻った。

タイの「子どもたち」

夜。カンチャナブリ市内で永瀬さんの歓迎会が開かれた。これが最後のタイ訪問になるかもしれない、と知って永瀬さんを慕う元留学生らが集まった。

元留学生のスワンナ・プロソプスクさん一家が経営するレストランのパーティー会場だ。クワイ河平和基金の事務局長のスワンナさんとは別のスワンナさんだ。「スワンナ」というのはタイでは結構ポピュラーな名前らしい。

もちろん、事務局長のスワンナさんと長男のキッタウィートさんもいる。多田チャニントンさんと長女の亜由美さん、ウィテープさん。第一期奨学生のハタイカンさんとワッチャラポーンさん。その他地元の人たち。

会場の正面には「ようこそ永瀬隆さん、藤原佳子さん」の文字。直前まで佳子さんが来ると信じていたからだ。

永瀬さんが出席者を次々に紹介する。

「ビッグ・スワンナ。ホテルを3つも4つも持っている」

スワンナさんはパタヤに計画中のコンドミニアムのパンフレットを持参していた。

「この子が一生懸命やってくれるんじゃや。グレート・ビジネス・ウーマンじゃな。お母さんに持って帰って見せてあげよう」

「ウィテープはね、タイの大使館の紹介で倉敷に来たんじゃ。いろいろあってねえ、交通事故を起こしたりして大変だったんじゃ」

ウィテープさんは大学2年生の時、乗っていた軽自動車が事故に巻き込まれ、3日間意識不明の重体に陥った。大学に復帰するまで2年かかったという。

「タイの大使が倉敷まで飛んできてなあ。子どもがみんな医者になるいうんじゃ、大したもんじゃ」

「これが最初の看護婦さん。うちにも2、3回来た」というのはハタイカンさんとワッチャラポーンさんだ。

スワンナ（小）さんの子どもたちがお祝いの踊りを披露する。キッタウィートさんは写真で綴ったDVDを上映した。永瀬さんと佳子さんの2ショット、留学生たちの若い頃の写真もあって、会場を沸かせた。

「よう集めたなあ。なつかしかった。ありがとうね、いろいろと」

留学生を代表して、チャニントンさんはこう話した。

「わたしたちが留学した最初の日から留学が終わる日までお世話になりっぱなしです。日本の父親、日本のお父さんです」

—これが最後の訪問だということですが…？

「わたしは人の出会いと別れというのは定めだと思っています。会って、いつか別れる時はやってきます。でも、ぜひ元気でまたこの国を訪問して欲しいです。高齢ですから体の具合にもよりますが、これを最後にしてほしくないという気持ちでいっぱいなんです」


翌日。16回目の奨学金授与式。大学生から小学生まで114人。大学生には1万バーツ、小学生は1000バーツだ。

この日、私はショックを受けた。スピーチで永瀬さんがあの「米と砂糖の恩義」の話をしなかったからだ。朝、会場に着いた時、「どうもきょうは奨学金の授与式をしてくれるんだ」と言った時から嫌な予感がしていたのではあるが…。「米と砂糖」の話は、永瀬さんがタイで福祉活動を続けてきた最大の理由・原動力だったはずだ。

かろうじて、永瀬さんはこう言った。

「皆さん、お金をもらって嬉しかったですか？　でも、もらうよりあげる方がずっとうれしいんですよ。それは皆さんが大人になったらわかります。勉強して立派なタイ人になってください。そして日本と仲良くしてください」

それでも、最初は3人でスタートした奨学金の授与がここまでの規模になったことについては、感慨深そうにこう話した。

「やはり、種を蒔いておいたら花が咲きよる。種を蒔いとかにゃ、いけんなあ。みんなタイの人たちがわかってくれた。自分が多少なりとも役に立ったと思えば…。死んだ時にええとこ行けるかもしれんな」

ミャンマー国境へ

次の日、永瀬さんはどうしても国境まで行くと言い出した。前日に引き続いて元留学生の主だった人たちが参加し、にぎやかなツアーとなった。

私は、永瀬さんにもう1度現地であの墓地捜索隊について話をしてもらっておきたいと考えていた。

国境がだいぶ近づいてきた辺りで、程よい草むらがある空き地のそばに車を停めてもらった。墓地が次々に見つかったような状況に近い場所で、語ってもらおうというわけだ。ところが、この主旨を理解してもらうのが簡単ではなかった。

「昔と随分道が変わってしまっとるからな。悪いけどここがどんな場所か思い出せんのじゃ。とにかく本に全部書いてあるから、それを読んでもらったらようわかるから」

もちろん、この場所は永瀬さんが捜索した場所そのものではない。あくまでイメージの問題だ。なんとか、手を替え品を替え、質問したり、説明したりしているうちに、徐々に記憶がよみがえってきた。

「墓地は新しいのや古いのやいろいろあったな。土まんじゅうをつくると何年も経つとへこんでしまっているわけ。草を分け入るとムカデがパッと飛び出してきたり、ミミズが飛び出してきたり…。墓地の中に僕は立ち尽くしてね、顔が上げられないんだ。連合軍の兵隊の中で恥ずかしさと怒りがいっしょくたになってじっとしとった…。自分の苦しさとか悲しさを表現するためには、一輪のハイビスカスを取って捧げる以外に方法はなかったな。連合軍はそれをじっと見とって、だんだんだんだん、僕に対する態度が変わってきたな」

話は「墓に眠る戦犯名簿」に進んでいく。

「ここに眠っている捕虜はどういう理由で死んだか、その時の日本軍の部隊・隊長・通訳なんかの名前が書いてあった。それまで戦争犯罪というのはなかった。第二次大戦で初めて出てきたんだ。そうしないと日本人にはわからないと思ったんじゃないかな」

—それで、生涯をかけての慰霊を…

国境近くの寄宿舎で
暮らす子どもたち

「僕自身の精神状態がもう普通でなくなっていたからね。そういう自分自身を立ち直らせるためにも、何もしなかったら僕自身がクシャッとなってしまうからね。そういうことと、2度と戦争をしちゃいけない、という2つの理由からね、こういう活動を続けることになったな」

国境のスリー・パゴダ峠には、永瀬さんが建立した国境平和祈念堂「第二星露院」とモン族の孤児のための寄宿舎がある。寄宿舎は寺院の境内にあって、50人ほどの子どもたちが暮らしている。寺の僧が語る。

「子どもたちはみんなバラバラに暮らしていましたが、永瀬さんが寄宿舎を建ててくれたおかげでここで生活できるようになりました」

クワイ河の虹

国境からカンチャナブリに戻ると、永瀬さんはホテルの部屋に引きこもってしまった。無理もない。往復450キロの道のりを日帰りでこなしたのだから。次の日にはカンチャナブリを去る予定だ。

だが、私には心残りがあった。永瀬さんがクワイ河鉄橋を歩いたり、鉄橋をバックに語ったりするシーンがまったく撮影できていなかったからだ。

以前なら、記者たちの求めに応じて、インタビューのシーンの設定にも積極的に協力してくれた永瀬さんだが、もうそういうわけにもいかないだろう。

私と山田カメラマンは、小舟をチャーターして鉄橋を下から撮影することにした。何回か川面を行き来して、岸に戻る。すると、鉄橋の向こうに虹がかかっているのに気づいた。

「山田君、虹が出てる」

「ホントだ。きれいですねえ」

鉄橋越しに虹を撮影する。ここで虹を見るのは初めてだ。

その時、奇跡が起こった。ふと、鉄橋脇のティダさんのレストランに目をやると、そこには永瀬さんがちょこんと座っているではないか。いつ、どうやってホテルからやって来たのだろう。私は駆け寄っていった。

「永瀬さん、ちょっと橋の方まで来ていただけませんか?虹が出てるんですよ」

永瀬さんは杖をついてゆっくりと橋のたもとまで歩いてくると、空を見上げた。

「ああ、ええ虹じゃ」

永瀬さんは橋を渡り始める。20メートルほどの所にある最初の待避所で立ち止まった。しばらく虹を見上げたのち、カメラに振り返って最高

「天国への橋じゃ」

の笑顔を見せた。

「天国への橋じゃ」

その後に続いた言葉は私をとらえて放さなかった。

「本当に今まで何度も来たけど、こんな虹が出たのは初めて。最後の旅として本当に私はよかった…」

これが最後と定めて訪れたタイへの巡礼の旅。しかも、カンチャナブリで過ごす最後の夕方に、こんなすばらしいプレゼントが待っていようとは…。

「もうこれで言うことはない。安心して死ねる。ありがたいと思います。ずうーっとこれから死ぬまでこの虹は覚えとる」

佳子さんに見せたい──。永瀬さんは何度もカメラのシャッターを切った。

佳子さんの不満

永瀬さんが「最後の巡礼」から帰国した翌日。永瀬さんは佳子さんを病院に迎えに行き、久しぶりに2人で自宅に帰った。

鉄橋のたもとに立つ永瀬さん

自宅玄関へ向かう路地を歩きながら、永瀬さんが心境を吐露する。

「疲れより、ほっとしたな。もう行けんからな、最後の見納めに行ってきたからな」

佳子さんと2人、仲良く並んで居間の仏壇の前に座る。

「今度が最後じゃから。みんなにもそう言うとるし」

しかし、佳子さんは納得しない。

「1人で『最後じゃ、最後じゃ』言うてから…」

線香に火をつけ、手を合わせる。

「もう行かんよ。体がえらいよ。最後じゃから言うて、行ってきたんじゃから…。最後のお別れに行ってきたんじゃ」

疲れもあるのだろう、愚痴っぽい永瀬さん。やがて思い出したように、佳子さんに向かってこう言った。

「クワイ河に何度も行ったけどな、あんなきれいな虹が出たのは初めてじゃ。天国に向かってパアーッと…。写真撮ってきたけどな、きれいだったわあ」

「(私を)連れて行かずに…」

佳子さんは永瀬さんが最後の旅に自分を連れて行かなかったことが不満なのだ。

「今回はいっしょに行こうと思うて一生懸命、体の調子を整えてなあ」

「そんなことを言うけど、一緒に行った人は知っとるけど、ずいぶん苦しい旅だったよ」

頭をかきかき、永瀬さんは弁明に努める。

永瀬さんが「最後」と決めた巡礼。それでは佳子さんの思いは誰が受け止めてあげられるのだろう。そんなことを考えながら、倉敷を後にした。


この年の夏、永瀬さんは初めて横浜の追悼礼拝を欠席した。8月には熱中症で佳子さんの隣の病室に入院を余儀なくされた。退院したのは11月の初め。少しずつ、体力的にも衰えが進んでいるのは誰の目にも明らかだった。


明けて2009年春。ある日、佳子さんをお見舞いに行くと、病院のベッドに横たわりながら、こんなことを言った。

「わたしはなあ、もういっぺんタイに行こうと思いよんじゃ。よかったら満田君も、てごうして（手伝って）」

そして、なじみの旅行代理店に電話をかけ、今度タイに行くから手配を頼む、と一度病院に打ち合わせに来るようにと告げた。

確かに春以降、佳子さんの状態は比較的安定していた。「これなら…」とその気になった佳子さんは、4月にタイから訪ねてきたスワンナさんたちにも、タイ訪問を宣言した。

「わしも付いて行かないけんじゃろ」と永瀬さん。

「でも、去年『最後の巡礼』と言ってましたよね？」

「まあ、ええが、最後が何べんあっても」

「そんな…」という言葉を飲み込む。言い出したらきかない2人のことだ。こうなったら腹をくくるしかない。

覚悟の手術

出発予定日は6月15日に決まった。現地では恒例の奨学金授与式を行う手はずをスワンナさんが整えている。私は出張の準備を進めつつも、このタイ訪問が実現するかどうかまだ懐疑的だった。出発直前まで、慎重に状況を見極めよう。場合によっては、止めなければいけないケースもあるだろうと覚悟していた。


出発予定日まであと2週間に迫った6月1日。佳子さんから電話があった。

「ああ、満田君？　あしたなあ、手術を受けるんじゃ」

「えっ？　手術？　手術ですか⁉」

「心配いらんから。たいした手術じゃないん」


翌日、倉敷市の川崎医科大学付属病院に向かう。佳子さんはベッドに横たわって点滴を受けていた。あまり食事を摂れないため、点滴が佳子さんの命をつないでいると言っても過言ではなかった。

「べっぴんに映しといて…」

佳子さんは冗談を飛ばしながら、こう続けた。

「(体調は)だいぶええんじゃけん。点滴するのに針が入らんけん、手術を受けるんじゃ」

肝硬変を患ってから、佳子さんの手足はむくんだ状態が続いていた。指で押してもへこまないほど皮膚が張っていて、静脈がどこにあるのか探し出すのは一苦労だ。点滴の針を刺すのがベテランの看護師でも困難になっていた。腕の内側は注射針を刺した跡でどす黒くなっているほどだ。このため、点滴の針を刺すためのポートを鎖骨付近の皮膚に埋め込むというのだ。ポートは静脈とつながっていて、ここに注射針を刺せば点滴液を注入できる。もし、旅先で点滴が必要になっても、現地で簡単に治療を受けることができる。そう考えての覚悟の決断だった。

それにしても…ベッドに横たわって、点滴を受けている姿はとても13日後に海外に旅立とうという人のそれではない。思わず私は声をかけた。

—タイに行けそうですか?

「そりゃ、気も変わらんけんな。行こうと思っとるし」

—永瀬さんはどう、おっしゃってますか?

「まあ、行かん方がええじゃろう、言うて…。銅像だけは見てあげてぇ」

そして、こんな縁起でもないことを言って笑った。

「死にとうはないけど死んでも…もうお墓もしてあるし、へへへ」

永瀬さんが病院の廊下を車椅子に乗ってやってきた。

―体調はどうですか？

「私はいいですけどね」

―佳子さん、タイに行きたいと言ってますけど…

「胸の方に何か入れるんじゃ。たいしたことはなかろう」

そう言いながらも、表情には不安の色が浮かんでいる。

午後1時半過ぎ、佳子さんは手術室に向かった。永瀬さんは病室のソファーにごろりと横になる。

―佳子さんもいっしょに行って大丈夫ですか？

「いや、一応覚悟はしといた方がええな。本人がどうしても行って私の銅像が見たい言うんじゃ。しょうがねえ」

午後4時過ぎ、手術は無事終わった。頭に手術用の白いキャップをかぶった佳子さんは笑顔を見せた。車椅子で永瀬さんが待っている病室に戻る。

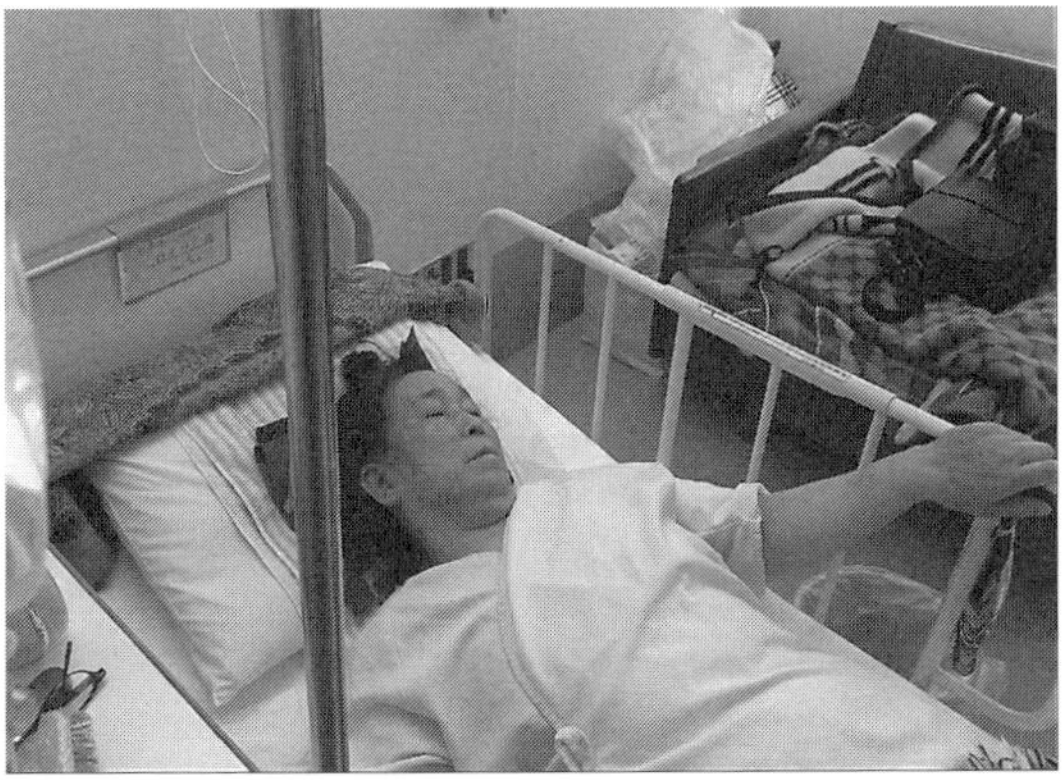

手術を前に病院で
点滴を受ける佳子さん

「まあ、安心した」

永瀬さんはほっとした表情で佳子さんに声をかけた。

「気分も少しは楽になったか？」

ほどなく、主治医の富山恭行医師が診察にやってきた。

「ちょっと傷口見せてもらっていいですか？　大丈夫でした？」

「何か飲みたいわ」

「コーヒーでも何でも飲んでください。時々チクッとするかな。でももう腕に刺さなくていいようになりますからね」

「先生（永瀬さん）が、タイ行こう言よんじゃ」

「いっしょに行ければいいですけどね。ちょっと血液のデータが不安定ですけど、また相談しましょう」

永瀬さんが口をはさむ。

「無理に危ないことしなくていいからね」

「もうちょっとしてからの方がいいかもしれませんね」

富山医師も応じる。

「せっかく今、よくなってきたところですからね」

「とにかく何か言い出したら聞かんから困るんだ」

「どっちが？　あんたじゃが」

「こうやって言い出したら聞かんから困るんだ」

「あっちの方がそうじゃ」

夫婦漫才のようなやりとりに思わず吹き出してしまいそうになる。だが、とにかくあと13日しかない。

富山医師に廊下で尋ねる。

「ちょっと難しいんじゃないですかねえ、やっぱり今すぐというのは…。たぶん延期ということになると思います」

生きている証

手術から9日後の6月11日。出発予定日まであと4日。血液検査の結果が出たというので、入院先の病院に戻っていた佳子さんを訪ねる。

―検査の結果はどうでした？

「検査の結果はよかった。川崎（医大病院）の富山先生は、『元気が出たんだから行ってきなさい』と言うの。そうせな、2度と行かれんが。もう来年言うたら年をとるから気分が燃えんが」

―向こうで点滴を受ける準備は？

「一応、薬の名前だけは書いてもろうてな。私は飛行機（に乗ること）はひとつも不安はないん。ただ、みんなが行っちゃいけん、行っちゃいけん言うから、この前も行かなんだけどな」

―永瀬さんはあんまり無理するなとおっしゃってましたけど…

「私のこと？もうあきらめとんじゃ。自分も行く気になっとる」

―4年ぶりのタイですけど、何が一番楽しみですか？

「別に楽しいことはないいん。義務のように思うてしよるんじゃけん。日本の国の恥じゃ。それを感じとるんじゃけん、しょうがねえ。国が感じないようなことを感じとんじゃけん」

うかつにも私は忘れかけていた。佳子さんは永瀬さんの「同志」だったということを。永瀬さんの個人的な戦後処理を手伝うために、佳子さんは永瀬さんと結婚したのだった。タイに建った銅像を見たい、それはひとつの象徴的なエポックではある。しかしそもそも、日本政府がやってこなかったことを代わりにやる、そんな義務感に突き動かされて2人はひたすら戦後の人生を共に歩んできたのだ。タイに行くこと。それは何よりもこの夫婦にとって生きている証なのだ。

―体調はどうですか？

「まあ、ボツボツじゃろうな。元気で行って戻れるような気がするけどな。元気のええ時が自分でもええと思うとるけん、(医師にも) 行かせて、と言うとる」

—元気が出ましたか…

「うん、行こうと思とるけん、自分では張り切っとるつもりじゃけどな。ごはんもよう食べられるんじゃ」

この病院の担当医・都築昌之医師がやってきた。手術をした傷跡をチェックし、抜糸したあと、消毒する。

「手術の時、出血したんでしょう。貧血になっとったよ」

都築医師は点滴に続いて輸血をした。

「貧血に対する赤血球の補給です。このままだったら、向こうへ行った時にふらふらするから」

そう説明して、青年医師はやさしく言った。

「気をつけてね。熱が出たら抗生剤と解熱剤を飲むようにね」

佳子さんの状態について改めて都築医師に尋ねる。

—来週からタイですが?

「状態はあまりよくないので、本当はおすすめしてないんですけど、年齢的にも早めに行った方がいいので、協力させてもらっています。やっぱり、熱が出たり、食事が食べられなくて水分が摂れなかったりした場合は、点滴が必要になるかもしれません」

その足で永瀬さんの自宅に向かう。肺気腫を患っている永瀬さんは、息が苦しそうだった。苦しそうな表情を浮かべ、やっと呼吸を整えて喋りだした。

「私の方は大丈夫。もう百何十回も行っとるから、心配ない。いつもなんとか生きて帰りよる。まあなんとかなるでしょう」

—何が永瀬さんをタイに向かわせるのでしょう？

「あそこで働いた思い出がたくさんある。たくさんの捕虜が死んどるでしょう。そりゃあ気の毒じゃったからな。慰霊をするということじゃろうな。最後までしとかないといけんな。それが私の生きている証でしょうかな」

—奥さんの方が心配？

「そうなんだよ。あれは連れていっちゃいかんと医者は言うんだけど、本人が言うことを聞かんから。『死ぬ覚悟で行けよ』と言よんじゃ」

—なぜ佳子さんはそこまで？

「一緒にやってきたから、思い出が深いんじゃろな」

—銅像を見たら佳子さんはどんな表情になりますかね？

「泣くじゃろうなあ。私もなんとなくじーんと来た」

「じゃあ、ちょっと寝ますけん」

まだ午後3時だったが、永瀬さんはふすまを閉め、居間に置いている介護ベッドの方へ戻っていった。

4年ぶりのタイへ

6月15日。早朝5時40分、病院に佳子さんを迎えに行く。2階の病室に入ると、佳子さんは着替えを済ませ、ベッドに腰掛けていた。黒っぽいワンピースに黒の帽子。

「何年かぶりに化粧した」と笑って言う。

「あんたらがなかなか来ないからファンデーションまで塗った」

看護師さんが「無茶しないようにね」と釘を刺す。体温は36・2度。なかなか体調はいいようだ。

倉敷市西阿知町の自宅裏に車を停めると、佳子さんは玄関までの路地を杖をつきながら元気に歩いた。

―体調良さそうですね？

「もう、一生懸命じゃが」

永瀬さんはすっかり準備を整えて待っていた。

―どうですか体調は？

「いや、まあまあじゃ。どねえかなるじゃろう（なんとかなるでしょう）」

2人は仏壇に手を合わせ、旅の無事を祈念する。

倉敷から一緒に出発するのは、佳子さんの古くからの友人・八戸道子さんと全観国際ツーリストの石井久年社長だ。石井さんは長年永瀬さん夫妻の旅行を手配してきた。「お二人には本当にお世話になりましたから」と添乗してくれることになった。八戸さんは華道を通じて佳子さんと知り合った。遠く青森県から駆けつけた。

6時20分、車に乗り込み、山陽自動車道を西へ向かう。これまでは大阪国際空港、関西空港が開港した後は関西空港を利用することが多かったが、今回は少しでも移動の負担を減らすために、広島空港から出発することにした。広島からはバンコクへ直行便もあったが、途中で体調が悪化することも想定して台北を経由する。

広島空港には1時間10分で到着。広島市内からは随分遠く不評な広島空港だが、岡山県西部からは意外に近く、便利だ。チェックインまでは1時間半もある。佳子さんの姉の定子さんがつくってくれたおにぎりで腹ごしらえ。2人とも至って元気だ。

9時にチェックイン。ところが、永瀬さんが「息が苦しい」と言い始めた。肺気腫の持病があるので、無理は禁物だ。ラウンジで横になって休む。

「休んだから落ち着いてきた。動くとえらい。いやな病気じゃ」

一方、佳子さんは気が張っているようだ。

「それでも、よう来れたなあ、ここまで。なんか無我夢中じゃ、今」

9時50分。定刻の10分前になった。永瀬さんと佳子さんは腰を上げる。

「行きましょう。子どもらが奨学金をあげたら、少しずつお金を出し合って銅像を建ててくれた。それをいっぺん見て…」

「うちのおばさんも半分以上しとるんじゃから、銅像は半分はおばさんじゃ」

中華航空CI113便は定刻どおり、広島空港を飛び立った。12時25分（現地時間11時25分）台北着。永瀬さんは食欲旺盛で、待合室でサンドウィッチを平らげる。

午後1時20分、CI835便に乗り換え、バンコクをめざす。頃合いを見計らって、ビジネス席にいる2人のところを訪問する。佳子さんは座席のフットレストを高く上げ、前に足を投げ出していた。

「足が腫れてきたから、上げてもらったの。ここ（首）から上はええようなんじゃけどな、足を下げとると、血が下がってしまう」

—だいぶタイが近づいてきましたね？

「まあ、来れた。ここまで来たら、あっちじゃバスの中で横にならせてもらう。ここ（鎖骨のところ）を切ったりしとるからな、じゃけど行こうと思うたらな、死ぬ気で行くんじゃけん」

「はよ着かないけん。えらいわ。はよホテルに入りたいわ」とは永瀬さん。

―奥さんと久しぶりのタイですね。

「そうでもねえな。大体いつも2人一緒に行きよるから」

時々、記憶が怪しくなるようだ。

やがて、なつかしいタイの大地が眼下に見えてきた。雨季らしく、どんよりとした天気。所々でスコールが発生しているのがわかる。緑の水田の中にレンガ色の民家の屋根、工場が立ち並ぶ中を縫うように高速道路が延び、箱庭のようだ。

午後3時55分（現地時間）、スワンナプーム国際空港着。2006年9月に開港したこの新空港に降り立つのは、佳子さんは初めてだ。車椅子で広い空港内を移動する。

空港から貸切バスでバンコク市内に向かう。空港を出たとたん、強烈なスコールに見舞われた。そしてお決まりの交通渋滞。ノロノロ運転が続く。

「もうわしもこれが最後じゃ思うて来とる」

「あんたはいつもそうじゃ」

そう言いながら、2人は安堵の表情を見せた。まるで初めて遠足に来た子どものように、喜びを隠し切れない。自然と笑みがこぼれる。

「もうこれで生きられるような、自信がつくような」

「どっちにしてもこれが最後になるけん、きちっとして帰ろうや」

「（ミャンマーとの）国境までわたしもこれぐらいの気分じゃったら、行けるかもしれん」

2時間近くもかかって、市内中心部に入る。旅行社が手配していたレストランで食事をとり、ホテルに着いたのは現地時間の午後8時30分。倉敷を出てから16時間が経っていた。91歳と79歳のしかも病気のカップルにとっては、ずいぶん長い旅だ。

永瀬さんと佳子さんはマッサージを受けてすぐに休んだ。佳子さんはむくんだ足を念入りに揉みほぐしてもらっていた。

まっすぐな心

翌6月16日。午前8時50分、ホテルをバスで出発する。車が市内を抜けきらないうちに、永瀬さんは眠り込んでしまった。永瀬さんは食事の時以外は、眠っていることが多くなった。

車窓の風景を眺めながら、佳子さんが1964年、最初の巡礼に訪れた際の思い出を語る。

「当時は直行便がなくて、香港に寄って、シンガポールに寄って給油して…。丸一日以上かかったなあ」

最初の巡礼の旅費は約100万円だったという。大卒の初任給が2万円の時代だ。永瀬さんの収入だけでは足りず、佳子さんは保険の外交員をしたり土地を売ったりして費用を捻出した。

永瀬さんの自宅に、セピア色になったカラー写真がある。クワイ河鉄橋の前で、車の横に

2人が並んだ記念写真だ。車のボンネットには「タイ――ビルマ鉄道への巡礼」と英語で書かれた横断幕が掲げられている。鉄橋の周囲は現在と違って原っぱで、何もない。

「運転はしとらんの。トヨタが車と運転手を出してくれてなあ。当時、バンコクに支店ができたばっかりじゃった」

—バンコクからカンチャナブリは？　今なら2時間ぐらいで着いてしまいますが？

「4時間ぐらいかかりよった。道がこんなに広くないし、車もようよう走りよったもの。戦争中の続きぐらいじゃけんな。家は茅ぶきの屋根、ヤシの屋根、それがずうっと並んどった。それが40年経ったら、ビルディングの屋根に変わってしもうたからなあ」

—それが新婚旅行だった？

「そうじゃ、ほんとに…。慰霊がしたい言うけん、そういう人に根性の悪さはないと思うたけんな。まっすぐな心だけ拾うたわけ、わたしが。その代わり、ペンより（重い物は）持たんのじゃけん…。こうやって話しよったら、いろいろと思い出して、長いことじゃ…」

ホテルを出て1時間20分、ナコンパトムに着く。バンコクから西へ約60キロに位置するこの町はタイ仏教の聖地だ。ナコンパトムは「最初の町」という意味で、紀元前3世紀に仏教がタイに最初に伝来した地と伝えられる。町のシンボル、プラ・パトム・チェディ寺院の大パゴダは1870年建立。高さ120メートルの威容を誇り、世界最大と言われる。

戦時中はここに兵站病院があり、ビルマから後送された患者を治療していた。また、日本軍と住民の衝突事件が起き、一触即発の危機に瀕したこともある。永瀬さんにとってても思い出深い場所だ。

ここにお参りして「もう1度来られますように」とお祈りすると、かなうという。雨季というのに、太陽が顔を出して猛烈に暑い。摂氏35度はあろうか。そんななか、永瀬さんと佳子さんはバスを降りて、大パゴダに向かって手を合わせた。

「また来れそうな」と佳子さん。

「もう来ん」と永瀬さん。

「来れる、来れる。またいっしょに来る」

相変わらずの夫婦漫才だ。パゴダは改装工事中で全面にびっしりと足場が組んであり、平常時のように金色に輝いてはいなかったが、願いを聞き入れてくれるだろうか。

20分ほどを過ごして、10時30分ナコンパトムを出発。次はいよいよカンチャナブリだ。

やがて右前方に山の連なりが見えてきた。なつかしいカンチャナブリの山並みだ。

「近づいてきたなあ。山が見えてきたから。もう来れんと思いよったけど…。ほんとに頑固なんじゃやけん、って先生（永瀬さん）に言われた」

永瀬さんも目を覚まし、風景に目を凝らす。

「この緑は目にしみる緑じゃやけん。南方は緑じゃないことがないけん」

「ああ、よう来れた」佳子さんが何度も繰り返す。

「もうあんた最後じゃな」

「また来れるかもしれん」

「元気でさえおりゃあな」

喜びの再会

12時、カンチャナブリ市内に入り、バスはあるレストランの前で停まった。

「ちょっと待っててください」

私はそう言って、その店「プラソプスク」に入っていった。

いた、いた。

「スワンナさん、お母さんが来てます」

えっ、と驚いて女主人のスワンナ・プラソプスクさんは駆け出した。勢いよくバスに乗り込むと「お母さん！」と叫んで佳子さんに抱きついた。

「オゲンキデスカ？　あれ、お父さんはどうしました？」と興奮して自分のすぐ後ろにいる永瀬さんに気がつかない。

「こりゃ、わしに尻を向けるな」と永瀬さんも大笑いだ。

「じゃあ、わたしも自分の車であとに付いて行きます」

バスはさらに5分ほど走って、クワイ河鉄橋近くの駐車場に。車椅子で移動していると、土産物店の店先でちょうど車から降りようとしていたのが、ティダ・ロハさんだった。

「ティダ！　ティダ！」佳子さんが叫ぶ。

「あーっ、お母さん！　ゲンキデスカ？」ティダさんは駆け寄って佳子さんに抱きつく。

「ドクターがダメって言うけど来た」


レストランで昼食をとり、まず向かったのはクワイ河平和寺院だ。佳子さんは草が伸びて寺の名前が見えなくなっているのが気になってしょうがない。スワンナさんに草を刈るよう、お願いしている。

「あの仏様の頭のところに、2人の結婚指輪が入っとる」

初めて聞いた話だ。

「わたしらにとっては、一大決心の仕事じゃった」

銅像と対面

続いてJEATH戦争博物館に向かう。いよいよ、永瀬さんの銅像と対面だ。

「川に向いとんじゃな」

そう言いながら、銅像が立つ台座の前に一生懸命歩いて回りこむ。そして腰を伸ばしながら、銅像を見上げた。

「やっと来た来た…。お父さん、永久にここにおりなさい」

博物館の土産物屋の店番をしている女性が、銅像の左手に花を挿してくれるのが常だったが、この日は花もおばあさんも見えない。

「ここへなあ、あのおばあさんが花を持たせてくれるんじゃ」

すると、件のおばあさんが現れた。ジャスミンの花を永瀬さんの銅像に持たせる。

「あー、もう見たけん、よろしい」

佳子さんの目に涙はない。

「銅像ができても、見に行ってもあげんのかって言われたらいけんけん、ちゃんと見とかんとなあ」


夜、ホテルの部屋はさながら同窓会のようになった。スワンナ・プロソプスクさんと2人の娘、サラウッドさん、ティダさん。JEATH博物館があるワット・チャイチュンポーンのトムソン師もやってきた。

トムソン師は「佳子さんは4年間来ていない」と正確に記憶していた。「BE GOOD HEALTH」と言いながら、佳子さんのためにお祈りをしてくれた。

「なんか、親せきがたくさんできたみたい。みんな親せきじゃ」

「タイの子どもたち」に囲まれて、佳子さんは幸せそうだった。

だが、みんなが帰って体温を測ると、37度に上がっていることがわかった。

不安な気持ちを暗示するように、ホテルの廊下の明かりに熱帯地方独特のトッケー（ヤモリ）が不気味なシルエットを見せていた。


翌朝。朝から強い日差しが照りつけた。この日はカンチャナブリ戦争墓地に行く予定だったが、無理は禁物だ。部屋で休むことにした。

佳子さんは大きな緑色の栄養剤が入った容器を取り出して、薬といっしょに飲んでいる。前日と比べると、明らかにしんどそうだ。

私と山田寛カメラマンは、にわかマッサージ師となって、佳子さんの足を交代で揉みほぐす。永瀬さんはすやすやと眠っている。昼過ぎ、看護師第一期生のハタイカンさんがやってきて、「3交代制」になった。

よみがえる初巡礼

夕方になり、空が雲に覆われて過ごしやすくなった。2人は戦争墓地に出かけることにした。

サラウッドさんが運転する車に乗り込む。

ついに永瀬さんの
銅像と対面

「こんなに元気になって、ここに来ておられるのが夢のようじゃ。先生を困らせたけど」

―楽になりましたか？

「楽になったというようなことはねえけど、病室でイライラ思いよった時よりも、子どもたちが入れ代わり立ち代り来てくれたから」

―点滴しなきゃいけないんじゃないかと心配してましたけど…

「そうよなあ」

やがて車はクワイ河の道路橋を渡る。上流2キロほどのところに、クワイ河鉄橋が見える。

「お父さん、鉄橋が見える」

だが、永瀬さんは気づかない。

ほどなく、戦争墓地に到着した。車椅子を準備したが、2人は歩くと言う。

「どねえかいけそうじゃ」

杖をついて、おぼつかない足どりではあるが、中央前方の十字架の方へと歩いていく。

十字架のところまで来ると、永瀬さんは振り返って言った。

「ここで電撃ショックを受けたんじゃ。（昭和）39年にここに立って、光を受けた。何かなあ、罪が許されたなという気がしたわけよ。今でもそれははっきりと覚えている。やっぱり、不思議なことが世の中では起きるんだと思う。それで（数え年の）92まで生かしてもろうたんじゃけん。それで、ここへまた立てるということは、すばらしいことだと思うよ」

佳子さんも言葉をつないだ。

「自分たちの生涯でこんなこと考えられないことじゃ。若い時に死んだ友達も大勢おるのに……。医者にも止められとったのに、ムチャクチャ言うて来たら、みんなが助けてくれて、なんか知らん勢いが体の中に盛り上がってきてなあ。こんなことになるとは思わなんだ。来てすぐ病院に連れて行かれると思うとったけどな」

―最初に来た時のことは覚えていますか？

「ああ覚えとる。わたしは日本人じゃから、着物を着てな。ずうーっと着物を着て来よったのに、この度だけじゃ、こんな格好でようよう来たのは」

永瀬さんに、かつてのような詳細な記憶は甦らない。それでもやはり口をついて出たのは、反戦のメッセージだった。

「これみんな日本軍が出した犠牲じゃからな。そりゃやっぱり贖罪と慰霊をせにゃいけんです。戦争は絶対にするもんじゃない。みんながつらい思いをするだけだ。それだけは身にしみた」

鉄橋の2人

墓地を後にして、ティダさんのレストランに向かう。レストラン前の

45年前と同様に
戦争墓地を歩く

広場が妙ににぎやかだ。テレビカメラが数台。30人ほどの市民がいすに座り、何か討論をしている。どうやら、テレビの生放送をしているようだ。近くに置かれたプラカードに「WORLD HERITAGE」の英語の文字を見つけ、ようやく諒解した。これは、泰緬鉄道を世界遺産に、をテーマにした生トーク番組なのだ。

と、IDカードをぶら下げたスタッフの1人が目ざとく永瀬さんを見つけた。永瀬さんはカンチャナブリの名誉県民だ。泰緬鉄道を世界遺産に、と活動してきたことも知られているはずだ。空いている椅子に、スタッフが永瀬さんを誘導する。

司会者が永瀬さんを紹介し、コメントを求めた。しかし、なかなか英語が出てこない。ハラハラしながら見守る。かつては私など比較にならないほど自由に英語を操っていた永瀬さん。さびしい限りだ。

番組が終わり、TV局のスタッフが「永瀬さんにインタビューしたいので、通訳してくれないか」と言ってきた。行きがかり上、引き受けることにする。山田カメラマンは、「番組には使えないでしょうねえ」などと言いつつ、面白がってカメラを回している。

うまく通じたかどうか、暑さのなか冷や汗をかきながらなんとか務め終えた。

永瀬さん夫妻は、この偶然を喜んでいた。

「きょうはちょうどいい日に来られてよかった」

「ほんと、偶然にもこんなことがあろうとはなあ」と佳子さん。

「世界遺産にぜひなってもらいたい」
今年は、虹は出なかった。夕映えがクワイ河の水面に映って美しくゆらめいていた。

兄に会いに…

6月18日。午前8時に佳子さんの部屋に行くと、佳子さんはすっかり身支度を整えていた。幸い体温も下がっていた。この日は、ミャンマーとの国境・スリー・パゴダ峠に行く予定なのだ。国境には永瀬さんが建てた第二星露院とモン族の孤児のための寄宿舎付の学校がある。また、ビルマで戦死した兄・茂さんに手を合わせたい。その一念からである。

—国境まで行けそうですか?

「(車に)乗っとりゃあ連れて行ってくれる。あんまり振動がなければ大丈夫。ビルマの方に向いて兄貴の霊を慰める。それが目的」

国境までは230キロもある。山岳地帯にさしかかると次第に雲行きが怪しくなり、雨が降り始めた。

1章でも記したが、国境に近づくと道路の勾配が急になっている箇所がある。運転手のサラウッドさんは、半クラッチを使いすぎじゃないのか、と思ってみていると、案の定、クラッチが滑り始めた。エンジンの

4年ぶりにクワイ河鉄橋の前に立つ

回転は上がっているのに、車はあまり前へ進まない。

国境まであと30キロほどの場所で、とうとうストップしてしまった。少しクラッチ板が冷えるのを待って再スタートするが、クラッチの滑りは直らない。戦後完成したダム湖・カオレム湖のほとり、国道の検問所を過ぎた所で完全にストップする。

ここは…前年6月に立ち寄った場所だ。ノンパドーム村というその村には、インパール作戦から撤退してきて力尽きた日本兵の墓があったという。その墓は、ダムの完成で湖底に沈んだ。永瀬さんは2003年、国道脇の空き地に小さなタイ式の祠を建てた。前年はここでそのいきさつを語った永瀬さんだったが、今回はその存在さえ思い出せない。その上、空き地の工事のため、祠は斜面を20mほど下がった木の根元に移されていた。

それにしても、もし車のトラブルがなかったら、この場所に停まることさえなかっただろう。これも何かの思し召しであろうか。

サラウッドさんが知人に電話をすると、1時間ほどで別の車が迎えにやってきた。乗り換えて午後1時40分、ようやくスリー・パゴダ峠に到着した。予定より2時間近く遅れた。さすがに2人とも疲れ果てて、歩き回る気にならない。寄宿舎を運営する寺のお坊さんに

4年ぶりに夫妻で奨学金を渡す。手前はハタイカンさん

あいさつをして寄付を手渡し、早々に国境を後にする。

「ありがとう、皆さんのおかげです。兄さん成仏してください」

永瀬さんと佳子さんはミャンマーの方に向かって手を合わせた。

この日、カンチャナブリのホテルに帰り着いたのは午後6時半だった。

「くたびれた、くたびれた…。それでも行って来られた」

這うようにして車を降りた佳子さんは、どさっと車椅子に体をあずけた。

コップン・カー

6月19日。カンチャナブリで過ごす最後の日。旅を締めくくる大きな行事が控えている。奨学金の授与式だ。

会場のリバー・クワイ・ホテルに着くと、すでにたくさんの子どもたちが集まっていた。

クワイ河平和基金の事務局長・スワンナ・スパチャイソーン女史と長男のキッタウィートさんが忙しく準備に動き回る。司会を務めるのは、ハタイカン・ティアパイブーンさんだ。第二期生・ワッチャラポーン・

奨学生と共に
記念撮影

ヌードゥーさんも白衣姿で手伝う。

開会を前に、前方のスクリーンには私の制作したドキュメンタリーが映し出された。そう言えばサラウッドさんにＤＶＤを渡していたのだが、こんなところでお目にかかるとは。

国会議員のモントリワット氏、カンチャナブリ市のカンティ市長も列席して、式典が始まった。奨学生の代表が踊りを披露したあと、永瀬さんがあいさつに立つ。

だが、言葉が出てこない。やっとの思いで、絞り出した。

「来年は、ここに来ることはできないかもしれません。みなさんが日本のよき友人となってくださるよう、お願いします」

会場の前方中央に永瀬さんと佳子さんが座り、１人ひとりに奨学金を渡していく。子どもたちはひざを曲げて手を合わせ、受け取っていく。対象は小学生から大学生まで１１４人にまで増えた。

全員に目録を手渡し終えると、永瀬さんはマイクを取ってこう言った。

「僕はタイの人が一番好きだ、と言ってあげてください」

スワンナさんに通訳を促すその目には、涙がいっぱいたまっていた。

お礼にと、ハタイカンさんら年長の元奨学生や奨学生が花束などの贈り物を夫妻に手渡す。穏やかな笑顔で佳子さんは受け取ると、マイクを握ってあいさつした。

「タイに来るまでわたしは病院におりました。直接奨学金を渡すのに参加させてもらって、こんなに元気になってこの場所にいられることが自分でも不思議です。医者からは、『あなたはタイに行ったら死にますから、行かないでください』と言われました。あなた方のおかげで元気になれました。コップン・カー（ありがとうございました）」

さらばカンチャナブリ

ハタイカンさんとワッチャラポーンさんがそれぞれ車椅子を押して、2人は会場を後にする。鉄橋脇の土産物店でティダさんとお別れのあいさつをして、車に乗り込んだ。

「お父さん、わたし、行きます、クラシキ」

ティダさんは上半身を車に突っ込むようにして叫んだ。

2人を乗せたワゴン車は、ゆっくりと走り出した。なつかしいカンチャナブリの町が遠ざかる。

「まあ、生きて帰れそうな」

「これが（佳子さんが）ぼっこう（とても）元気になった。よかった。やっぱり兄貴が待ちよったんじゃ、ビルマで。ものすごく、すっきりしたで。この分なら無事に帰れる。心配したんじゃ、どないなるか思うた」

「泣きよらんかな、わたしの顔。目がようよう開いとる。よう生きとんじゃ、わたしは。不思議なようななあ」

バンコクに着くと、ひと眠りした夫妻は、私たちを食事に誘ってくれた。スワンナさんと娘のオーちゃんがいっしょだ。

戦中から営業している、バンコクでもっとも古い日本料理店。日本軍の将校御用達だったという。永瀬さんはうな重を注文した。佳子さんはさすがにうなぎとはいかなかったが、煮物やごはんを日本では考えられないくらい食べた。とにかく、佳子さんが無事でよかった。同行させてもらってよかった。そんな幸福感に私は包まれていた。

6月20日午前6時。スワンナプーム空港は鈍い朝の光の中にあった。あとは往路と同じコースを帰るだけだ。

台北空港の待ち合わせ室で、佳子さんはウェストポーチから茶色の封筒を取り出した。倉敷北病院の封筒だ。表に「TO DOCTOR」とボールペンで書いてある。都築医師が持たせてくれたものだ。

「もし、おかしい症状が出たらこの点滴をしてくれ、というようなことが書いてある。使わずに済んだ。ありがたいなあ」

広島空港を経て、倉敷の自宅に帰り着いたのは午後10時前だった。

早速、仏壇に無事の帰国を報告する。

「兄さん、あなたの戦死したビルマの国境まで行ってきました。お父さん、お母さん無事に帰ってきました。ありがとうございました」

「いやいや、ビルマまで行ったんだから…。うちのおばさんが（佳子さんが）ものすごく元気になった。ああいうことがあるんじゃろうな。気持ちのせいじゃな。自分で役目を果たしたという気がしたんじゃろうな」

「まあなんか知らんけど、無我夢中でな。子どもらがワーッって寄ってくるじゃろう、おかあさん、って言うて飛びついてきたりして。あれで生気をもろうたような気がするなあ」

「愉快だね、本当に。わしらの人生、一体何なんだろうな、あっはっは」

「よかった、本当になあ」

—やっぱり、奥さんあっての永瀬さんかなあって…

「そりゃもう、半分以上は世話になっとる。1人だけじゃ、どうもなあ。宙ぶらりんになっていかん。きょうはぐっすりお休み」

佳子さんとの別れ

2009年9月16日。午前9時58分、私の携帯電話が鳴った。よく夫妻の身の回りの世話をしてくれている野瀬英子さんからだった。いやな予感がした。

「今、佳子さんが亡くなられました」

私は会社を飛び出した。

タイから帰国して1ヵ月後の7月中旬。佳子さんは緊急手術を受けた。意識が朦朧として、異変に気づいた医師が検査をすると、頭蓋骨内に内出血しているのが見つかったのだ。頭骨にピンホールを開けて血を抜く手術が終わった直後には、佳子さんは笑顔を見せていた。だが、その3週間後に面会に訪れた時には、意識がほとんどなくなっていた。

「飛行機に遅れるんじゃ」

そんなうわ言を繰り返していた。あれほどむくんでいた足の張りがなくなってしまっていたのが悲しかった。

9月4日、東京から佐生有語さんがお見舞いにやってきた。この時はかなり回復しているように見えた。ちゃんと佐生さんや私、山田カメラマンの顔を認識し、笑顔もあったのだが…。


いろいろな思いが頭の中をかけめぐる。40分ぐらいかかって病院に着くと、佳子さんのなきがらは病室から霊安室に移されようとしているところだった。

「佳子が死んでしもうた…」

永瀬さんは放心したようにつぶやいた。

霊安室で2人きりになると、永瀬さんはいきなり立ち上がって佳子さんに口づけをした。

「よう手伝ってくれたからなあ…」

私は震える手で小型カメラを回した。


佳子さんの通夜と葬儀は市内の葬儀場で営まれた。タイのスワンナさんとウィテープさんはギリギリで葬儀に間に合った。幼なじみの住職がつけた戒名は「慈照院日泰佳光大姉」。真に佳子さんにふさわしいものだった。

出棺の前、永瀬さんは何度も「もう1度キスをさせてくれ」と言って棺のふたが閉じられるのを拒んだ。

タイを訪問したことが死期を早めてしまったのだろうか。後悔はなかったのだろうか、それとも本望だったのだろうか。訃報に接して以来、私は何度も自分に問いかけた。無事帰国して自宅で見せた笑顔が何度も頭に浮かんでは消えた。霊柩車が長くホーンを鳴らし、通りに出て行った。

エピローグ

2010年2月20日、永瀬隆さんは満92歳になった。食欲は旺盛だが、記憶はさらに衰えた。平日の午前中はデイサービスを利用するが、それ以外は自宅のベッドで眠っていることが多い。

佳子さんの死後、親戚の人たちは老人ホームへの入所を勧めたが、永瀬さんは頑として受け付けなかった。1度など、ようやく納得して老人ホームに入ったが、翌朝7時過ぎにはタクシーで自宅に戻ってきてしまったほどだ。

永瀬さんが再びタイを訪れることは難しいであろう。

もし、みなさんがタイを訪れることがあったら、どうかバンコクからカンチャナブリまで足を伸ばして欲しい。そして、ワット・チャイチュンポーンにあるJEATH戦争博物館を訪ねてみて欲しい。

日本人にとってつらい展示を見せつけられた後で、あなたは気づくだろう。クワイ河に向かって建つ1体の銅像があることに。そうしたら、どうか思い起こして欲しい。クワイ河に虹をかけた1人の日本人がいたことを。その男は、彼が愛してやまないクワイ河から吹き渡ってくる微風に頬をなでられながら、柔らかな微笑を浮かべてそこに立っているはずだ。

（了）

あとがき

戦争の傷を癒すのに、いったいどれほどの努力が必要なのだろう。(努力と歳月とは書かない。それこそ、元捕虜が「我々が死ぬのを待っている」と言うように、加害者側にとって都合のよい考え方に他ならないからだ)だからこそ、決して戦争をしてはならない。永瀬さんが訴え続けてきた思いを、少しでも多くの人に共有してもらいたい。そう考えたのが本書執筆の動機である。

「ドキュメンタリーに美談はいらない」

私が敬愛するあるドキュメンタリストの言葉だ。私の番組は、また本書は単なる美談の域に留まってはいないだろうか。自問自答する。

人間の誇りとは何か。

永瀬さんを取材してきて、私が改めて思うのはこのことである。

元捕虜トレバー・デイキンさんが語った言葉が頭を離れない。

「If you were in combat、you are equal.But if you were down、you should not be stamped on、trodden on.」(戦闘中なら立場は対等です。しかし、ひとたび倒れたなら、それ以上踏みつけられるべきではありません)。

泰緬鉄道の建設に従事した日本軍関係者にとって、何ら抵抗手段を持たない捕虜やアジア人労務者を酷使することは、果たして誇り高き任務だったのだろうか。

あるいは、バシー海峡で戦わずして潜水艦に撃沈された幾万の日本軍将兵は、誇りを持って死んだと言えるのだろうか。ビルマで、フィリピンで、ガダルカナルで、ニューギニアで、飢餓地獄のうちに死んだ兵隊たちは?

さらに言えば、ヒロシマで、ナガサキで、無辜の市民の頭上に新型爆弾を炸裂させる作戦は、本当に誇りある任務だったと言えるのだろうか。

あの墓地捜索隊で、連合軍の冷ややかな視線を一身に浴びて、永瀬さんが自らを救うために取り戻したかったこと、それは人間としての尊厳、誇りだったのではないだろうか。

戦争にルールなどあるか。確かにそれも真実であろう。だが、自らが信じて身を投じた皇軍の実態は、あまりにも永瀬さんを裏切るものだった。

人間の誇りや尊厳を顧みない軍隊や政府。それがどれほどの不幸をもたらすことだろう。

本文中でも触れたように、自らを救いたいという個人的な感情が活動の原点だったと永瀬さんはよく口にする。だがそれはやがて社会的に大きな広がりを持っていった。

戦後和解というと、当事者同士の話で完結しがちだが、永瀬さんの慧眼はアジアへのまなざしを忘れない。「許す」「いや許さない」。自分の庭先で行われた戦争に否応なしに巻き込まれた人たちの目に、こうした論争はどのように映っているのだろうか。日本も欧米諸国もその総括が終わっているとはとても思えないのである。

私はヘボとはいえテレビの仕事をしているので、本書がどのような状況で読まれるのが理想的なのか、その映像を頭に浮かべながら執筆を進めた。

それは以下のような状況だ。カンチャナブリのＪＥＡＴＨ戦争博物館で永瀬さんの銅像を見た人が、永瀬さんのことをもっと知りたいと思い、博物館の売店で本書を発見する。そしてクワイ河を見下ろすテラスで、あるいはホテルの部屋で読む。

銅像には簡単な説明が添えられてはいるが、情報としてはとても少ない。それを本書がわずかでも補う助けとなるなら、これに勝る喜びはない。

以上のようなことから、本書が置かれるのにもっともふさわしい場所は、永瀬さんの銅像にジャスミンの花を持たせてくれている心優しきおばあさんが店番をする、売店ということになる。

言うまでもなく、本書はテレビ取材で蓄積したVTRを元に構成している。ろくにメモも取らない（というか基本的に2人で取材しているので三脚やマイクを持っているためメモを取る余裕がない）いい加減な記者の私だが、改めてVTRを見直すとその時の空気や匂いまで鮮明に思い出されたものだ。文中の永瀬さんの言葉遣いが標準語になったり、方言になったりするのは、永瀬さんが正式なインタビューとしてカメラを意識しているかどうかによるものだが、あえて言い換えはせずそのまま掲載し、その場の雰囲気を忠実に再現するよう心がけた。また、掲載した写真の多くはVTRを静止画にしたものだ。

ここで本書の執筆および出版にご協力くださった方々をご紹介したい。
まず、本文中でも紹介したテレビ朝日系の24局で制作しているドキュメンタリー番組「テレメンタリー」である。費用がかかり、スポンサーもつきにくいドキュメンタリーの海外取材はローカル局にとってハードルが高い。番組の制作費は各局から集めた分担金から支出されているので、いわば「行って帰って」ではあるが、何度もタイに行くことができたのは、この番組があったからに他ならない。企画の採否は毎月各局担当者が集う会議で決まる。ここですべての方たちのお名前を挙げることはできないが、企画を承認していただいたテレビ朝日、朝日放送を始めとする各局担当プロデューサーの皆さんにお礼を述べたい。

続いては幾多の先輩ジャーナリストの皆さんに敬意を表したい。私が永瀬さんを取材し始めてまだ20年にも満たない。それ以前から数多くのテレビ、新聞のジャーナリストの方たちが永瀬さんを取材してきた連綿と続く歴史がある。僭越な言い方だが、そうした蓄積のお陰で私もここにいる。

また、私の背中を押してくれたのは梨の木舎の羽田ゆみ子社長だけではない。瀬戸内海放送の後輩、山下洋平記者の名前を挙げたい。「高知白バイ事故」の闇をいち早くスクープし、ローカルニュースのみならず、テレメンタリー、ザ・スクープ等の全国放送でも繰り返し伝えるとともに、緻密な取材を積み重ねて09年に単行本をものにした。以前から永瀬さんのことを本にしたいと考えていた私を大いに刺激し、重い腰を上げさせてくれた。さらにテレビ取材の成果を利用した本書の出版を快く了解していただいた瀬戸内海放送の加藤宏一郎社長にもこの場を借りて感謝の言葉を述べたい。

元朝日新聞岡山総局長で、かつて瀬戸内海放送でも役員を務めた守本孝さんと同じく元朝日新聞岡山総局長で瀬戸内放送の北尾好昭常勤顧問には絶えず励ましの言葉をいただいた。朝日新聞記者の畏友・菱山出さんは倉敷支局長時代に永瀬さんにほれ込み、２００７年『永瀬さんからのメッセージ』という小冊子を出版した。これも大きな刺激となった。

妻と２人の娘が執筆を支えてくれた。妻の誕生日は10月25日。泰緬鉄道は１９４３年の同じ日に開通している。さらに長女の誕生日６月20日と言えば、１９４２年のこの日、大本営が泰緬鉄道の建設命令を出している。不思議な因縁を感じずにはいられない。
基本的に本書に実名で登場する人たちにはすべて大きなご協力とご支援をいただいていると言ってよい。中でも足かけ20年の付き合いになる相棒、山田寛カメラマンの存在は大きかった。常に私と悩みを共有し、同じように永瀬さん夫妻と接してきた。彼の優しく誠実な人柄があればこそ、夫妻の自然な姿を映像に収めることができた。ちなみに彼の誕生日は昭和44年8月5日。カウラ事件は1944年8月5日に起きている。

本書を天国にいる佳子さんに捧げる。

満田康弘

2011年1月

1975年（昭和50）　ベトナム和平協定調印

1976年（昭和51）　クワイ河鉄橋で連合軍元捕虜と和解の再会

1976年（昭和51）　ロッキード事件

1979年（昭和54）　ソ連アフガニスタン侵攻

1980年（昭和55）　元アジア人労務者を探し当てる

1985年（昭和60）　プラザ合意

1986年（昭和61）　クワイ河平和寺院建立
クワイ河平和基金設立

1988年（昭和63）　リクルート事件　瀬戸大橋開通

1988年（昭和63）　倉敷市でカウラ事件のシンポジウム開催

1989年（平成元）　ベルリンの壁崩壊

1989年（平成元）　初めてカウラ訪問

1991年（平成３）　ソ連邦解体

1991年（平成３）　ロマックス氏の妻パティさんから手紙受け取る

1992年（平成４）　カンチャナブリ県名誉県民　三木記念賞受賞

1992年（平成４）　湾岸戦争

1993年（平成５）　ロマックス氏と再会

1993年（平成５）　細川連立政権

1994年（平成６）　クワイ河平和基金の第１回奨学金授与式

1995年（平成７）　クワイ河鉄橋で元捕虜と２回目の和解の再会
横浜市の英連邦戦死者墓地で追悼礼拝を開始

1995年（平成７）　阪神淡路大震災　地下鉄サリン事件

1997年（平成９）　アジア通貨危機

1997年（平成９）　カンチャナブリ県の無医村で移動診療開始

2000年（平成12）　メーホンソン県にクンユアム星露院建設
タイにメガネを贈る活動
まちかどのフィランソロピスト賞受賞

2001年（平成13）　同時多発テロ

2002年（平成14）　英国政府から特別感謝状授与

2003年（平成15）　イラク戦争

2005年（平成17）　読売国際協力賞受賞

2006年（平成18）　タイに銅像が完成

2008年（平成20）　山陽新聞賞受賞

2009年（平成21）　佳子さんと最後の巡礼

2011年（平成23）　死去　享年93

永瀬隆さん年表

日本と世界の動き

1914年（大正３）　第一次世界大戦勃発（～1918年）

1917年（大正６）　ロシア革命

1918年（大正７）　岡山県福田村（現岡山市南区福田）で出生

1929年（昭和４）　世界恐慌

1931年（昭和６）　満州事変

1937年（昭和12）　盧溝橋事件　日中戦争

1939年（昭和14）　第二次世界大戦勃発

1941年（昭和16）　青山学院文学部英語科を繰り上げ卒業
陸軍省に通訳として採用
南方へ出征

1941年（昭和16）　太平洋戦争開戦

1942年（昭和17）　サイゴンの南方軍総司令部参謀部二課諜報班に配属

1943年（昭和17）　バンコクのタイ国駐屯軍司令部参謀部二課情報室
カンチャナブリ憲兵分隊へ出向

1945年（昭和20）　終戦

1945年（昭和20）　連合軍の墓地捜索隊に同行

1946年（昭和21）　タイから復員
岡山県進駐英印軍・米軍軍政部の通訳となる

1946年（昭和21）　日本国憲法公布

1949年（昭和24）　千葉県立佐原女子高校教諭となる（～53年）

1950年（昭和25）　朝鮮戦争

1955年（昭和30）　倉敷市で英語塾を開設

1955年（昭和30）　保守合同

1960年（昭和35）　安保改定反対闘争　所得倍増計画

1962年（昭和37）　佳子さんと結婚

1964年（昭和39）　一般日本人の海外旅行自由化 東京オリンピック

1964年（昭和39）　戦後初めてのタイ巡礼　以後毎年巡礼を続ける

1965年（昭和40）　タイからの留学生受け入れ開始

1965年（昭和40）　日韓基本条約調印

1969年（昭和44）　人類初の月面着陸

1970年（昭和45）　大阪で万国博覧会

1971年（昭和46）　ドルショック

1972年（昭和47）　日中国交正常化

1973年（昭和48）　オイルショック

■参考文献

『小説　泰緬鉄道』清水寥人　毎日新聞社　1968
『泰緬鉄道　戦場に残る橋』広池俊雄　読売新聞社　1971
『戦場にかける橋　泰緬鉄道の栄光と悲劇』クリフォード・キンビク著　服部實訳
サンケイ新聞社出版局　1975
『死の鉄路　泰緬鉄道ビルマ人労務者の記録』リンヨン・ティッルウィン著　田辺寿夫訳
毎日新聞社　1981
『死の谷をすぎて　クワイ河収容所』アーネスト・ゴードン著　斉藤和明訳　新地書房　1981
『メクロンの永久橋　実録戦場にかける橋』塚本和也　鉄道ファン　1981
『泰緬鉄道　機密文書が明かすアジア太平洋戦争』吉川利治　同文館　1994
『癒される時を求めて』エリック・ローマクス著　喜多迅鷹・喜多映介訳　角川書店　1996
『クワイ河の虜』ミクール・ブルック著　小野木祥之訳　新風書房　1996
『裁かれた戦争犯罪　イギリスの対日戦犯裁判』林博史　岩波書店　1998
『私の青春は密林の中にあった』石原忠雄　新風舎　1996
『ある戦犯の手記　泰緬鉄道建設と戦犯裁判』樽本重治　現代史料出版　1999
『知日家イギリス人将校シリル・ワイルド』泰緬鉄道建設・東京裁判に携わった捕虜の記録
ジェイムズ・ブラッドリー著　小野木祥之訳　明石書店　2001
『地獄のかがり火　泰緬（タイ－ビルマ）鉄道』吉田一法　草の根出版会　2002
『アガペ　心の癒しと和解の旅』恵子・ホームズ　フォレストブックス　2003
『許すかＮＯか　イギリス・ニッポン57年目の和解』高尾慶子　展望社　2003
『連合軍捕虜の墓碑銘』笹本妙子　草の根出版会　2004
『戦後和解　日本は〈過去〉から解き放たれるのか』小菅信子　中公新書　2005
『ポピーと桜　日英和解を紡ぎなおす』小菅信子　岩波書店　2008
『歴史和解と泰緬鉄道　英国人捕虜が描いた収容所の真実』
ジャック・チョーカー　朴裕河　根本敬　朝日選書　2008
『日本人はなぜ謝りつづけるのか　日英〈戦後和解〉の失敗に学ぶ』中尾知代
日本放送出版協会　生活人新書　2008
『それでもぼくは生きぬいた―日本軍の捕虜になったイギリス兵の物語』シャーウイン裕子
梨の木舎　2009

■永瀬隆さんの著書・訳書

『青春の墓標』1964
『泰緬鉄道の奴隷たち』レオ・ローリングス著　青山英語学院　1980
『イラスト　クワイ河捕虜収容所　地獄を見たイギリス兵の記録』レオ・ローリングス著
社会思想社　1984
『岩波ブックレット　戦場にかける橋のウソと真実』岩波書店　1986
『ドキュメントクワイ河捕虜墓地捜索行』社会思想社　1988
『カウラ日本兵捕虜収容所』永瀬隆・吉田晶編　青木書店　1990
『虎と十字架』英語版・タイ語版　1990
『陸軍通訳の責任』Ｅ・ロマックスと共著　青山英語学院　1997
『俳句戦記　青春の墓標』2004

2刷刊行にあたって

2011年6月21日。永瀬さんはこの世を去った。享年93。本書の出版から4ヵ月。佳子さんとの最後のタイ巡礼から帰国して2年と1日だった。

6月3日、食事が取れなくなり、胆のうの摘出手術を受けた直後の永瀬さんを病院に訪ねると、かすれる声でこう言った。

「もう2、3ヵ月したら行けるじゃろう。最後の旅行じゃ。例の泰緬鉄道が世界遺産になったじゃろ?　ビルマの人がぼっこう（とても）喜んどる、ビルマの人が」

私はその言葉を否定できず、ただ曖昧な相槌を打つしかなかった。残念ながら、泰緬鉄道は5年後の現在も世界遺産には登録されていない。あれだけ愛していたタイをビルマと言い間違えていた。それでもなお、巡礼の旅に思いを巡らせていた。この日の夜、永瀬さんは意識を失って集中治療室に入り、これが永瀬さんと交わした最後の会話となった。

永瀬さんの葬儀にはエリック・ロマックスさんから弔辞が届いた。それはこんな言葉で結ばれていた。

「あなたはいつも勇敢な男でした。あなたを知りえたことは本当に人生の特権でありました。それでは、あなた自身が用いた表現で申し上げますならば、さらば盟友、わが兄弟よ」

この最後の部分、ロマックスさんは英語では「BLOOD　BROTHER」と表現していた。血を分けた兄弟以上の関係をかつての敵同士が結んだのだ。

さて、私にとって気がかりは永瀬さんの遺言をどうかなえるかということだった。クワイ河への散骨である。随分以前から繰り返し聞かされていたが、散骨を託すつもりだった佳子さんはこの世におらず、もとより夫妻には子どもがいなかった。

自分が引き受けるしかない。私には他の選択肢はなかった。

親族の了解を得て、納骨の日、小さな骨壷に2人の遺灰を詰めた。8月21日、カンチャナブリでお別れの会の後、クワイ河鉄橋のたもとにいかだを浮かべて散骨が行われた。スワンナさんや多田チャニントンさんを初めとする元留学生や奨学生、佐生有語さん、ジル・ゴダードさんら永瀬さんを慕う人たちが集まった。日本からは永井明雄少佐の甥・永井達さんも駆けつけてくれた。

トムソン師が花びらに包み込んだ遺灰を、私もクワイ河にそっと流した。

2012年、私はクワイ河平和基金の役員に加わった。

「この基金は日本人がタイ人に贈ることに意味がある。基金に日本人がいないのはおかしい。実は生前、永瀬さんが『満田君が引き受けてくれたらなあ』と言っていた」とスワンナさんに説得されたのだ。

1年に一度、奨学金授与式に出席するのが務めとなった。新たな理事にはハタイカンさんの名前も。彼女は今や看護師長でもある。

2016年、本書と同名のドキュメンタリー映画「クワイ河に虹をかけた男」(119分)が完成し、なんとか公開にこぎつけた。映画の編集過程で、約700本の取材テープを見直していると、永瀬さんのある一言が目にとまった。2000年、ある大学の講演でこんなことを語っていた。

「人間というものは虚無なんですよ。私はそう思ってる。それが人間らしく生きるためには何かが必要なんですよ。つまり、ある対象を見定めて、そこに虹の橋をかけるんですよ。それが人生というものだと思う」

撮影した当時はあまり気にもとめていなかった一言。永瀬さんはこんな人生観を持っていたのだ。だから、2008年、クワイ河鉄橋の上に現れた虹をあれほど喜んだのだ。

佳子さんが病気になった2005年ごろから、私は自分が単なる取材者ではなくなりつつあることを感じていた。この類稀なるヒューマニストとここまで深く関わり、その記録を書籍と映像で残すことができた喜びを私は今、かみ締めている。

満田康弘

2016年9月

満田康弘　みつだ・やすひろ
1961年香川県多度津町生まれ。丸亀高校、京都大学法学部を卒業後、1984年、株式会社瀬戸内海放送（ＫＳＢ）入社。主に報道・制作部門でニュース取材や番組制作に携わる。現在、報道制作ユニット岡山本社グループリーダー。
2003年、ウナギにまつわる様々な謎を追った「うなぎのしっぽ、捕まえた⁉」で日本民間放送連盟賞受賞など、ドキュメンタリー番組で受賞多数。

これまでに制作したドキュメンタリー番組（永瀬隆さん関連）

94年	テレメンタリー'94　たったひとりの戦後処理	～もうひとつの“戦場にかける橋”物語～
95年	終戦50周年記念特番　死の鉄道を超えて	～元陸軍通訳の50年～
2000年	55年目の恩返し	～メガネがつなぐ日タイ友好のきずな～
同	テレメンタリー2000　ナガセからの伝言	～戦争のない世紀のために～
2001年	特別番組　僕の知らない戦争があった	～駆け出し俳優と元陸軍通訳の二人旅～
2008年	テレメンタリー2008　最後の巡礼	～元陸軍通訳の終わらない戦後～
2009年	テレメンタリー2009　45年目のハネムーン	～病室からタイへ…覚悟の巡礼～
2011年	テレメンタリー2011　クワイ河に虹をかけた男	～最終章・たったひとりの戦後処理～

教科書に書かれなかった戦争57
クワイ河に虹をかけた男——元陸軍通訳永瀬隆の戦後

2011年２月20日　初版発行
2016年10月15日　第２刷発行

著　者………………満田　康弘
装　丁………………宮部　浩司
発行者………………羽田ゆみ子
発行所………………梨の木舎
〒101-0061
東京都千代田区三崎町2-2-12 エコービル1階
TEL 03(6256)9517
FAX 03(6256)9518
eメール　info@nashinoki-sha.com
ＤＴＰ………………石山和雄
印刷所………………株式会社 厚徳社

愛を言い訳にする人たち
——DV加害男性700人の告白

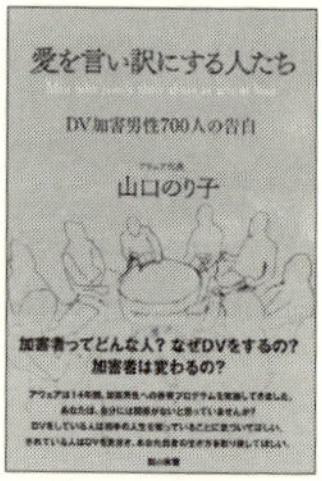

山口のり子 著
A5判/192頁／定価1900円＋税

◉目次　1章　DVってなんだろう?／2章 DVは相手の人生を搾取する／3章 DV加害者と教育プログラム／4章 DV加害者は変わらなければならない／5章 社会がDV加害者を生み出す／6章 DVのない社会を目指して　DVとは何か?　なぜDVするのか?　加害男性の教育プログラム実践13年の経験から著者は言う、「DVに関係のない人はいないことに、気づいてほしい」

978-4-8166-1603-3

傷ついたあなたへ
——わたしがわたしを大切にするということ

ＮＰＯ法人・レジリエンス 著
A5判/104頁／定価1500円＋税

◆ＤＶは、パートナーからの「力」と「支配」です。誰にも話せずひとりで苦しみ、無気力になっている人が、ＤＶやトラウマとむきあい、のりこえていくには困難が伴います。
◆本書は、「わたし」に起きたことに向きあい、「わたし」を大切にして生きていくためのサポートをするものです。

978-4-8166-0505-5

傷ついたあなたへ 2
——わたしがわたしを幸せにするということ

ＮＰＯ法人・レジリエンス 著
A5判/85頁／定価1500円＋税

ロングセラー『傷ついたあなたへ』の２冊目です。Ｂさん（加害者）についてや、回復の途中で気をつけておきたいことをとりあげました。◆あなたはこんなことに困っていませんか？　悲しくて涙がとまらない。どうしても自分が悪いと思ってしまう。明るい未来を創造できない。この大きな傷つきをどう抱えていったらいいのだろう。

978-4-8166-1003-5

マイ・レジリエンス
——トラウマとともに生きる

中島幸子 著
四六判／ 298頁／定価2000円＋税

DV をうけて深く傷ついた人が、心の傷に気づき、向き合い、傷を癒し、自分自身を取り戻していくには長い時間が必要です。4年半に及ぶ暴力を体験し、加害者から離れた後の 25 年間、PTSD（心的外傷後ストレス障害）に苦しみながらうつとどう向き合ってきたか。著者自身のマイレジリエンスです。

978-4-8166-1302-9

東アジアのフィールドを歩く
——女子大学生がみた日・中・韓のすがお

李泳采・恵泉女学園大学東アジアＦＳグループ 編著
A5判/126頁／定価1600円＋税

◉わたしたちのフィールドスタディ——日・中・韓をめぐる12日間／2 それぞれのフィールド——見て、聞いて、考えた／3 これから——東アジアはわたしたちの未来だ　恵泉女学園大学の12日間のフィールドワークの体験記録だ。国境を越え、歩き、たくさんの出会いがあった。実感し、感動した。さらに疑問が生まれ、考えて、書いて、この本が生まれました。

978-4-8166-1402-6

東アジアのフィールドを歩く2
——女子大学生がみた日・中・韓の辺境地

李泳采・恵泉女学園大学東アジアＦＳグループ 編著
A5判/112頁／定価1600円＋税

◉わたしたちのフィールドスタディ——日・中・韓の辺境地をめぐる11日間／2 それぞれのフィールド——歩いて、出会って、考えた／3 明日へ——東アジアの辺境地はわたしたちの希望
　緊張や葛藤がますます高まっている東アジア——、女子大学生10人が、自ら日中韓の辺境地を訪問し、歴史や文化を訪ねた。彼女たちは何を見て、何を食べ、誰と話し、どんな風に感じたか。

978-4-8166-1605-1

犠牲の死を問う
——日本・韓国・インドネシア

高橋哲哉・李泳采・村井吉敬　コーディネーター・内海愛子
A5判/160頁／定価1600円＋税

◉目次　1 佐久で語りあう——「靖国と光州５・18墓地は、構造として似ているところがある」について●犠牲の死を称えるのか　高橋哲哉●死の意味を付与されなければ残された人々は生きていけない　イ・ヨンチェ●国家というのはフィクションです　村井吉敬　2 東京で語りあう——追悼施設につきまとう政治性、棺桶を担いで歩く抵抗等々について。

978-4-8166-1308-1

アングリーヤングボーターズ
——韓国若者たちの戦略的選択

李泳采 著
A5 判 /144 頁／定価 1700 円＋税

2016年4月13日、若者たちの投票は、87年民主化抗争以来30年ぶりに、韓国社会を揺さぶった。さて日本のアングリーヤングボーターズの選択は？

◉目次　1「民主化」後を生きる者として／2 韓国の歴史的な4・13総選挙と若者たちの戦略的選択／3 韓国の市民社会からみた日本の政治状況／4 韓国の「反日」は、なぜ今も続いているのか？

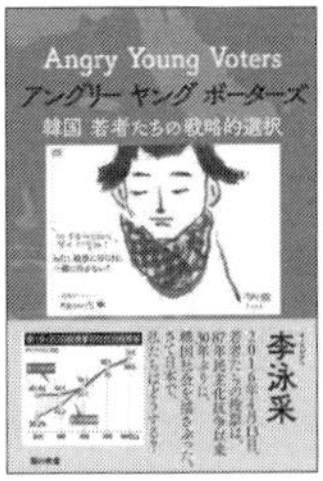

978-4-8166-1607-5

韓国人元BC級戦犯の訴え
――何のために、誰のために

李鶴来 著
四六判／256頁／定価1700円＋税

22歳の若者は、シンガポールの独房で、死刑執行の恐怖と8カ月向き合った――。「日本人」として裁かれ、「外国人」として援護体制から切り捨てられた不条理を問う！　91歳の著者は、今も日本政府に謝罪と補償を求め続ける。「私の頭のなかに常にあるのは、死んだ仲間、その中でも刑死者たちです。彼らは、死刑囚だった私と同じく、誰のために何のために死ぬのか、苦悶の時を過ごしたはずです」

978-4-8166-1603-7

朝鮮東学農民戦争を知っていますか？
――立ちあがった人びとの物語

著者：宋基淑（ソンギスク）訳者：仲村修　漫画：大越京子
推薦：中塚明（奈良女子大学名誉教授）
A5 判／286 頁／定価 2800 円＋税

まさに、教科書に書かれなかった日清戦争と東学農民戦争です。日清戦争は、日本と清が朝鮮を支配しようと、朝鮮半島で争った戦争でした。がさらにもうひとつのシーンがあります。清が日本に負けて朝鮮から撤退したあとも、日本は居座って、朝鮮政府を手中にして、今度は農民軍を殲滅するのです。…！

978-4-8166-1504-7

旅行ガイドにないアジアを歩く

シンガポール――旅行ガイドにないアジアを歩く

著者：高嶋伸欣・鈴木晶・高嶋道・渡辺洋介 著　フルカラー
A5判変型／160頁／定価2000円＋税

◉目次　1章 シンガポールを知りたい　2章 シンガポール史の中の日本　3章 エリアガイド　① シティ・中心部　② チャンギ・東部地区　③ ブキティマ・北西部地区　④ ジュロン・南西部地区　⑤ セントーサ島地区　⑥ お隣りへ

シンガポールは多民族国家で、熱帯で成し遂げられた工業都市、そして国際都市国家です。ところで、日本が占領した3年半に、この国にしたことを知っていますか。表面をみただけではわからないこの国の歴史と、日本の過去に出会う1冊。

978-4-8166-1601-3

原発をとめる・戦争をとめる
――わたしたちの金曜行動＋全国のさまざまなアクション＋アジアの市民運動・ハンドブック

A5判/160頁／定価1600円＋税

◉目次　電力自由化で原発に鉄槌を下す時機が到来した・広瀬隆／核支配社会からの離脱を・鎌田慧／〇いま福島で／〇アジアの市民運動　香港・韓国・ミャンマー／●全国のさまざまなアクショングループ一覧／●安保関連法案に関する決議をあげた地方議会一覧（521議会）市民運動をネットワークしよう。ノーと言い続ける市民運動93を紹介する。

978-4-8166-1602-0